Inteligência Artificial Generativa: discriminação e impactos sociais

Tarcízio Silva (Org.)

Inteligência Artificial Generativa: discriminação e impactos sociais

Tarcízio Silva (Org.)

LiteraRUA

2ª Edição

Organização
Desvelar

Apoio
mozilla
nanet
Infoláxbe

São Paulo
2025

Inteligência Artificial Generativa: discriminação e impactos sociais

Tarcízio Silva (Org.)

Projeto gráfico e capa: Juliana Vieira
Diagramação para segunda edição: LiteraRUA
Revisão: Desvelar e LiteraRUA
Coordenação editorial: Toni C.
Coordenação administrativa: Luciana Karla Pereira Macedo

Dados Internacionais de Catalogação na Publicação (CIP)
(Câmara Brasileira do Livro, SP, Brasil)

Inteligência artificial generativa : discriminação e impactos sociais / Tarcízio Silva (org.). -- 2. ed. -- São Paulo : LiteraRUA, 2025.

Vários autores.
Bibliografia.
ISBN 978-65-86113-22-8

1. Discriminação racial 2. Inteligência artificial - Aspectos sociais 3. Tecnologias digitais I. Silva, Tarcízio.

25-267717 CDD-303.483

Índices para catálogo sistemático:

1. Inteligência artificial : Sociologia 303.483

Eliete Marques da Silva - Bibliotecária - CRB-8/9380

LiteraRUA
literaRUA.com.br
Fone: 11 3857-6225 / Cel.: 1197715-4412
Bairro do Limão - São Paulo - SP. CEP: 02721-000

SUMÁRIO

Apresentação

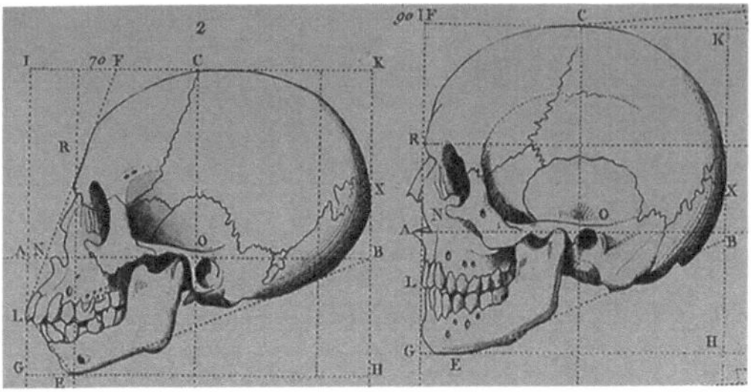

Se você percebe algumas similaridades entre a imagem acima e a colagem da capa deste livro, não se trata de coincidência. Produzida pela artista e designer Juliana Vieira, a colagem da capa mistura elementos visuais de acesso livre com resultados de uma ferramenta de produção de conteúdo sintético, comumente chamadas de "Inteligência Artificial Generativa" "(IAG)", de um modo a relembrar-nos uma maneira muito particular de olhar o mundo: através das lentes do racismo científico.

A própria noção de raça foi construída a partir de um pacto das forças beligerantes e invasoras europeias com o objetivo de conciliar as instituições políticas e religiosas vinculadas a moralidade judaico-cristã com a sede de sangue e ouro das potências colonialistas. Como seria possível invadir, matar, estuprar, saquear e escravizar as populações do "Novo Mundo" e ainda assim esperar a salvação eterna?

Criar cisões e linhas entre ideias de humano, semi-humano e não-humano foi o grande motivador de boa parte da ciência europeia colonial. A ilustração acima, baseada em um anatomista holandês do século XVIII, fez parte de um esforço de desinformação global na produção de ideias de superioridade europeia supostamente baseadas em leis e propensões naturais.

A mensuração e a estatística como ferramentas de criar narrativas do mundo que permitiram justificar o colonialismo e toda sua violência inerente ecoam forte no presente, com mais ferramentas e roupagens. A produção de bases de dados gigantescas, que se arvoram objetivas e compreensivas, para treinamento de sistemas derivativos como ChatGPT e Grok, reedita os saques coloniais e suas funções. Os impactos discriminatórios em grupos historicamente minorizados não parece ser uma falha acidental, mas uma característica fundamental da ideação desses produtos.

O livro *Inteligência Artificial Generativa: discriminação e impactos sociais* busca apresentar um desvelamento de tais tecnologias. Impulsionadas pelo capital financeiro e investimentos geopolíticos de um punhado de centros econômicos, exercem muitas funções à exploração. Tratamos de algumas dessas funções ao longo do livro, que englobam a normalização da extração dos dados, multiplicação e escalabilidade dos vieses e representações nocivas, controle estratégico da desinformação e outras. Fundamentalmente, uma ofensiva dos poderes hegemônicos na tentativa de domar avanço dos direitos, epistemologias oposicionais e resistências de todos os tipos.

A publicação é fruto de grupo de estudos e atividades da *Desvelar*, uma iniciativa que busca promover imaginários sociotécnicos afrocentrados de libertação através do questionamento dos enunciados e dos silêncios em torno das tecnologias.

Agradeço todas as pessoas participantes e apoiadoras do projeto, que inclui as publicações *Griots e Tecnologias Digitais* (LiteraRUA, 2022, Thiane Neves Barros e Tarcízio Silva (Orgs.)), *Comunidades, Algoritmos e Ativismos Digitais: olhares afrodiaspóricos* (LiteraRUA, 2020, Tarcízio Silva (Org.)) e também na presente publicação.

Organizador

A INFLUÊNCIA DAS IMAGENS DE CONTROLE NA IA GENERATIVA

Thiane Neves Barros

Ponto de Partida

Este artigo tem como objetivo contribuir com o campo dos direitos digitais por meio do pensamento feminista negro de Patricia Hill Collins[1] e Lélia Gonzalez[2], entre outras importantíssimas referências para a construção de uma epistemologia feminista negra.

Importante compreender que conceitos são elaborados a partir de fenômenos que se repetem por padrões, esses fenômenos podem ser naturais ou podem ser construídos socialmente. A partir de suas observações sobre determinados fenômenos sociais, é que feministas negras vêm elaborando conceitos tão densos que temos tido a oportunidade de analisar novos fenômenos a partir dessas conceituações. É o caso do encontro entre Imagens de Controle e Inteligência Artificial Generativa (IAG).

Abro nossa conversa com um breve histórico sobre enquadramentos de narrativa de mulheres negras no Brasil e nos Estados Unidos que se repetem de forma tão enraizada em ambas as

---

1 HILL COLLINS, Patricia. *Pensamento Feminista Negro: conhecimento, consciência e a política do empoderamento*. Tradução: Jamile Pinheiro Dias. São Paulo: Boitempo, 2019.

2 GONZALEZ, Lélia. *A Mulher Negra na Sociedade Brasileira*. Em: Lélia Gonzalez: Primavera para as rosas negras. Diáspora Africana: Editora Filhos da África, 2018.

culturas que parecem ser naturais, mas quando aprofundamos nestas análises, identificamos que são concepções construídas para serem cristalizadas como verdades.

As imagens de controle são construídas para fazer com que o racismo, o sexismo, a pobreza e outras formas de injustiça social pareçam tão normais quanto inevitáveis. As imagens de controle podem ser consideradas como tecnologias interseccionais porque refletem exatamente o que temos explicado sobre a relação entre as violências de raça, gênero, classe, entre outras categorias de opressão, e como elas impactam nas vidas que afetam e atropelam.

Tal qual tem acontecido com a IAG, aqui também apresentada como uma tecnologia interseccional. Os sistemas algorítmicos baseados em IA Generativa são construídos utilizando Redes Neurais Adversárias (GANS), cujo objetivo é o aprendizado e geração de novos dados em diferentes formatos, como: textos, imagens, áudios, vídeos e etc.[3], cujas bases de dados são construídas por vieses que reforçam e retroalimentam os mesmos estereótipos que são apresentados nas imagens de controle.

Portanto, na aula e neste texto, nosso intuito é mostrar que a IA Generativa também segue padrões de violências identificadas há muitas décadas por pesquisadoras negras e que nestes códigos não existem acidentes ou neutralidades, mas é sim o que Lélia Gonzalez chama de uma neurose cultural.

---

3 VIEIRA, Carla. Como os vieses entram na IA Generativa?, capítulo desta coletânea.

Imagens de controle como tecnologia interseccional

Imagens de controle é um fenômeno observado e conceituado dentro dos estudos de mulheres negras que se conformou como um dos conceitos basilares do pensamento feminista negro no Brasil e nos Estados Unidos. É uma tecnologia que atua na intersecção das opressões de raça, gênero, sexualidade e classe para objetificar mulheres e homens negros.

A elaboração do conceito é de Patricia Hill Collins na obra Pensamento Feminista Negro[4]. E junto com outras feministas negras estadunidenses como Audre Lorde, Angela Davis, bell hooks, identificaram como determinadas percepções racistas, ilustradas em imagens negativas, atingiam os direitos de mulheres negras e ameaçavam suas vidas.

Hill Collins nos diz que essas imagens integram uma ideologia generalizada de dominação por parte de grupos dominantes que se definem como normais e criam os "outros" da sociedade, os que precisam ser nomeados. O pensamento binário dá forma à compreensão da diferença humana, entendendo que a diferença neste contexto é o "oposto" a ser manipulado e controlado, objetificado. E a diferença reside exatamente nessa coisificação daqueles que são apontados como anormais ou os quase normais.

Analisar as imagens de controle aplicadas às mulheres negras revela os contornos específicos da sua objetificação, bem como as maneiras pelas quais as opressões de raça, gênero, sexualida-

---

4 HILL COLLINS, op. cit.

de e classe se interseccionam e todas as imagens de controle sobre mulheres negras surgem como resposta às suas resistências. Algumas dessas imagens elencadas por Hill Collins[5], são:

1. *A Mammy* é a mãe negra da família branca. Simboliza a serviçal fiel, obediente e que aceita sua condição subalterna com sorriso, amabilidade e lealdade. Uma analogia que representa perfeitamente como as mulheres negras são vistas pelos grupos dominantes. É a representação que visa garantir que esta seja uma tradição imutável: o lugar do trabalho serviçal como normalidade. A *mammy* é a forasteira que está dentro, é autorizada a circular, desde que ela saiba seu lugar.

2. A Matriarca é a mãe negra nas famílias negras, uma *mammy* fracassada, com dificuldades de cumprir seu papel adequadamente, de não adotar um modelo correto de comportamento de gênero. Simboliza as mulheres negras desprovidas de feminilidade. É a mãe negra má, castradora. Mas também responsáveis pelos problemas na sociedade civil negra, pois a mulher que trabalha fora de casa e que não consegue supervisionar seus filhos, contribui para seus fracassos escolares.

3. A *Jezebel:* gostosas e vulgares. É a forma desviante da sexualidade da mulher negra.

São imagens dinâmicas e cambiantes. Cada uma é um ponto de partida para novas formas de controle em contextos transnacionais nos quais a comercialização de imagens no mercado internacional tem sido cada vez mais importante.

5 Ibidem, p.135.139.

Outra forma de controle são as instituições externas às comunidades negras como as universidades, a mídia, o Estado, a Internet e todas as infraestruturas de comunicação, criam, cristalizam e perpetuam imagens de controle sobre mulheres negras. Por exemplo, a sexualidade de mulheres negras figura em pesquisas e em materiais de comunicação sobre AIDS e gravidez na adolescência. Anos atrás, em 2012, a Duloren fez uma campanha sobre pacificação nas favelas e colocava mulheres negras na imagem de *Jezebel*, como sexualmente indomáveis[6].

Porém, também dentro das instituições internas das comunidades negras como família, cultura, igreja, muitas vezes reforçam as imagens de controle criadas fora delas. Mulheres negras são frequentemente responsabilizadas por desunirem as comunidades ou são cobradas como as únicas responsáveis pela união das suas comunidades.

No Brasil, quem mais apontava estas categorias era Lélia Gonzalez, feminista negra brasileira, também já sinalizava as mesmas problemáticas no final dos anos 1970 e começo dos anos 1980: A nêga ativa - "*a mulata deusa do meu samba*", que seriam as mulheres negras gostosas e vulgares no carnaval brasileiro, imagem perpetuada e sedimentada de que são as deusas do samba, os típicos produtos brasileiros para exportação e mantida também na mídia hegemônica, pela

6 GELEDÉS. Conar pede retirada de campanha de lingerie em favela pacificada. Portal Geledés, 04 Out. 2012. Disponível em https://www.geledes.org.br/conar-pede-retirada-de-campanha-de-lingerie-em-favela-pacificada/

Globeleza ou pelas Mulatas do Sargentelli.

Gonzalez analisou que, como todo mito, o da democracia racial oculta algo pra além daquilo que mostra: o outro lado do endeusamento carnavalesco ocorre no cotidiano dessa mulher, no momento em que ela se transforma na empregada doméstica ou em sujeita que é motivo de piada nos programas humorísticos da televisão, seja como a pedinte maltrapilha do metrô, como a lésbica malandra ou as encostadas nas cotas raciais. Para a autora, os termos "mulata" e "doméstica" são atribuições de um mesmo sujeito. "A nomeação vai depender da situação em que somos vistas"[7]. Ela também apresenta as figuras da Mãe Preta, do Pai João e da Mucama.

A IA Generativa e suas imagens de controle

Carla Vieira explica que os sistemas algorítmicos baseados em IA Generativa são construídos utilizando Redes Neurais Adversárias (GANS), cujo objetivo é o aprendizado e geração de novos dados em diferentes formatos, como: textos, imagens, áudios, vídeos e etc.[8], e essa estrutura pode facilitar manifestações de racismo, complemento com Tarcízio Silva[9], pois os episódios de manifestações racistas pela IA Generativa, não são coincidências, mas sim padrões. Basta uma breve visita no mapeamento de danos

---

7 GONZALEZ, Lélia. Racismo e Sexismo na Cultura Brasileira. Em: Lélia Gonzalez: primavera para as rosas negras. Diáspora Africana: Editora Filhos da África, 2018, p.196.

8 Vieira, Carla, op. cit.

9 SILVA, Tarcízio. Racismo Algorítmico: inteligência artificial e discriminação nas redes digitais. São Paulo: Edições Sesc, 2022. Versão Aberta: https://racismo-algoritmico.pubpub.org/

algoritmos disponível no Portal Desvelar[10] para identificarmos as repetições de imagens, ações, expressões e demais normalidades que estão enraizadas enquanto estereótipos que marginalizam grupos racializados, inclusive atribuindo-lhes crimes que sequer aconteceram. É manipulação de verdades sobre os outros dominados.

Isso porque, ainda segundo Vieira, existem fragilidades como: 1) as bases de dados de treinamento, 2) a opacidade e a transparência e 3) a veracidade de conteúdo que impactam no que Silva nomeia de "reunião de tradições de ocultação e de exploração tanto nas relações raciais quanto nas decisões ideológicas"[11]. Se os dados inseridos por meio de treinamentos com viés dos grupos dominantes, logo, acabam reforçando estereótipos de gênero e preconceitos. A narrativa, o discurso, são os principais condensadores de imagens de controle que também levam ao racismo algorítmico. Os modelos de bases de dados por treinamentos são constituídos por enormes quantidades de dados que são difíceis de serem auditados, facilitando a propagação de informações falsas e não verificadas através de textos, vídeos, áudios e imagens.

Silva chama de dupla opacidade a convergência entre a negação do racismo e a negação da política na tecnologia e afirma que o pacto narcísico da branquitude é uma das chaves para entender práticas que vão da visão computacional em artefatos lúdicos até tecnologias carcerárias algorítmicas

10 Disponível em https://desvelar.org/casos-de-discriminacao-algoritmica/

11 SILVA, op. cit., Introdução, p.14.

como o reconhecimento facial. Essa dupla negação explica, inclusive, porque o Brasil ainda é apegado ao mito da democracia racial e enquadra os movimentos negos como movimentos identitários "lacradores" e sem projeto de sociedade. Hill Collins afirma que quanto mais resistimos às imagens de controle, mais seremos punidos, com a criação de outras imagens e outras tecnologias de controle.

E são narrativas que não impactam apenas a realidade brasileira ou estadunidense, mas também interferem na dinâmica de migração de povos mulçumanos, como exemplificado no tuíte abaixo. O tuíte abaixo que reflete um discurso de cunho racista[12] e na página seguinte a imagem que ilustra o discurso e o realimenta:

European girls will pay the price for multiculturalism.
It's already happening in towns and cities across the UK.
Half a million English girls have been groomed by Islamist gangs.
Whose child is next?

12 Tradução nossa: "Garotas europeias pagam o preço do multiculturalismo. Já está acontecendo em vilas e cidades no Reino Unido. Meio milhão de garotas inglesas foram manipuladas por gangues islâmicas. De quem será a próxima criança?"

A imagem está sedimentada como um estereótipo contra africanos. A manifestação livre de um racismo online alimentada pela IA Generativa é herdeira direta do que Cida Bento chama de pacto narcísico da branquitude[13] e mostra um viés político notório do que Silva aponta como a dupla opacidade. Tanto as imagens de controle quanto a IA Generativa são ameaças concretas aos diversos direitos humanos listados pela ONU.

---

13 BENTO, Maria Aparecida da Silva Bento. Pactos narcísicos no racismo: branquitude e poder nas organizações empresariais e no poder público, Tese de Doutorado - Instituto de Psicologia da USP, 2002.

COMO OS VIESES ENTRAM NA IA GENERATIVA?

Carla Vieira

Nos últimos tempos, a Inteligência Artificial Generativa ganhou bastante destaque na mídia e seu uso se popularizou muito no mundo todo. Diariamente, são reportados por usuários através das redes novos incidentes discriminatórios relacionados ao uso de sistemas algorítmicos baseados em IA Generativa, desencadeando uma forte discussão pública sobre o tema nos últimos anos.

Além disso, é importante destacar que esses sistemas não estão sendo apenas acessados por milhões de usuários, como estão sendo incorporados aos produtos de grandes empresas por meio de uma estratégia agressiva de comercialização das *big techs*. Logo, é crucial discutir como essa tecnologia pode perpetuar estereótipos e preconceitos em uma escala exponencial e dar visibilidade para a população sobre os potenciais riscos[1]. Construir uma sociedade resiliente à Inteligência Artificial através da educação tornou-se tão importante como nunca.

Os sistemas algorítmicos baseados em IA Generativa são construídos utilizando o que chamamos de Redes Neurais Adversárias (GANS)[2]. Esse tipo de rede neural tem como objetivo o aprendizado e geração de novos dados em diferentes formatos,

1 KLEINA, Olivia. "*Conheça 6 riscos da inteligência artificial*", PósPUCPRDigital, 11 Mai. 2024, disponível em https://posdigital.pucpr.br/blog/riscos-inteligencia-artificial

2 GOODFELLOW, Ian et al. Generative adversarial nets. *Advances in neural information processing systems*, v. 27, 2014.

como: textos, imagens, áudios, vídeos etc. No entanto, qual a diferença desse tipo de Inteligência Artificial para as redes neurais que fazem classificação de imagens?

Diferentemente de algoritmos de classificação, as GANs não precisam de treinamento com dados rotulados de forma que essas redes conseguem aprender através de identificação de padrões e agrupamentos dentro do conjunto de dados[3]. Nos últimos anos, relatos de usuários do mundo todo têm revelado as fragilidades dos modelos de IA Generativa (como ChatGPT, Midjourney, DALL-E entre outros). Uma matéria e pesquisa realizada pela Bloomberg[4], mostrou os resultados de geração de imagens de trabalhadores para 14 diferentes empregos (classificados de "alta remuneração" ou "baixa remuneração" nos EUA). Os resultados (ver figura) relevam o racismo algorítmico enraizado nas tecnologias de forma que o modelo chegou a gerar imagens de pessoas com tons de pele mais escuros 70% das vezes para a palavra-chave "trabalhador de *fast-food*", embora 70% dos trabalhadores de *fast-food* nos EUA sejam brancos.

---

3 LOPES, André. "*Introdução aos LLMs e à IA Generativa*". Brazilian AI Networks, 22 Nov. 2023. Disponível em https://brains.dev/2023/introducao-aos-llms-e-a-ia-generativa/

4 NICOLETTI, Leonardo; BASS, Dina. "*Humans Are Biased. Generative AI Is Even Worse*", Bloomberg, 09 Jun. 2023, disponível em <https://www.bloomberg.com/graphics/2023-generative-ai-bias/>.

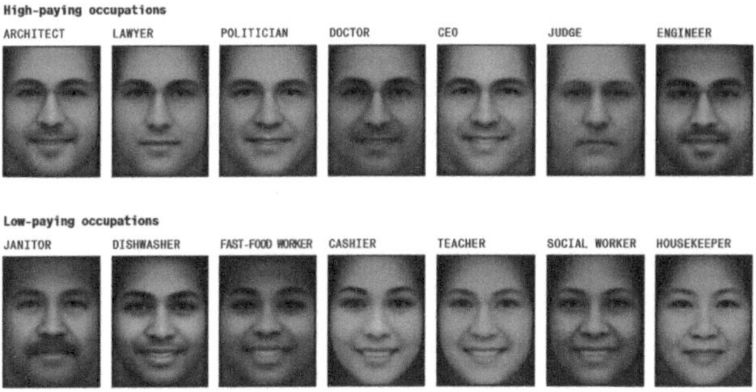

Figura: Estudo realizado pela Bloomberg

A Hugging Face realizou testes de vieses semelhantes e disponibilizou a ferramenta para outros usuários[5]. Em resposta, a OpenAI e Stability.AI, empresas que construíram o modelo *Stable Diffusion*, afirmam que introduziram correções para mitigar os preconceitos existentes em seus sistemas, como o bloqueio de certos *prompts* que possam gerar imagens ofensivas. No entanto, os estudos da Bloomberg e da Hugging Face mostram o quão limitadas são essas correções.

Esses relatos estão relacionados a grandes fragilidades existentes dentro de sistemas baseados em IA Generativa: (I) as bases de dados de treinamento, (II) opacidade e (III) veracidade de conteúdo.

Os *data sets* utilizados para treinamentos de sistemas dessa magnitude são tão grandes que impossibilitam submetê-los a algum tipo de auditoria. No

5 LUCCIONI, Alexandra Sasha et al. Stable bias: Analyzing societal representations in diffusion models. *arXiv preprint arXiv:2303.11408*, 2023.

artigo, *Language Models are Few-Shot Learners*[6], os autores tomam o treinamento do GPT-3 da OpenAI como exemplo. Eles destacam que o GPT-3 foi treinado com um conjunto de dados tão extenso que torna impraticável auditar cada entrada para identificar, por exemplo, dados protegidos por direitos autorais e/ou propriedade intelectual, informações pessoais e confidenciais, violações de privacidade e/ou conteúdo impróprio e discriminatório.

No caso da IA Generativa, os vieses são em grande parte inseridos justamente através dos dados de treinamento. Como a IA Generativa trabalha sob a premissa de encontrar padrões nos dados, esta pode incorporar estereótipos de gênero e preconceitos existentes nos dados de treinamento. Por exemplo, como o treinamento inclui textos e imagens que retratam pessoas negras em papéis estereotipados, os modelos continuam reforçando essas representações nos conteúdos gerados. Dessa forma, um viés histórico se faz muito presente.

Um segundo ponto de fragilidade é a opacidade e falta de transparência dos algoritmos utilizados dentro da IA Generativa. Por exemplo, GPT-4 é composto por uma rede neural de 100 bilhões de neurônios distribuídos em mais de 100 camadas. Algoritmos dessa dimensão são eficientes, mas não explicáveis. Um estudo liderado pela Universidade de Stanford[7], analisou o nível de transparência dos

---

6 BROWN, Tom B. *Language models are few-shot learners*. arXiv preprint arXiv:2005.14165, 2020.

7 BOMMASANI, Rishi et al. *The foundation model transparency index*. arXiv preprint arXiv:2310.12941, 2023.

chamados modelos de fundação e identificou que existem muitos pontos para melhoria e que modelos *open-source* lideram o nível de transparência com relação a modelos proprietários. A explicabilidade é particularmente desafiadora em modelos dessa escala com bilhões de neurônios já que cada neurônio em redes profundas contribui para transformações não-lineares tão complexas que dificultam a decomposição dessas interações em termos que permitam abstração e entendimento humano.

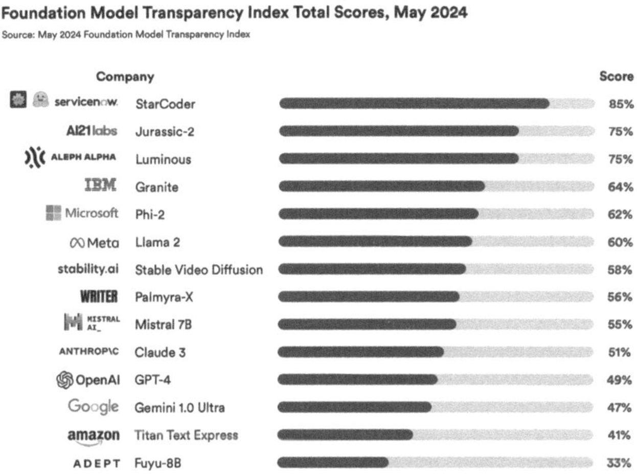

Figura: Níveis de transparência dos modelos de fundação[8]

Um terceiro ponto de fragilidade são os impactos desses modelos na propagação de informações falsas e não verificadas através de textos, vídeos,

8 https://crfm.stanford.edu/fmti/May-2024/index.html

áudios e imagens. O desafio nesse contexto não é só o realismo das imagens e vídeos gerados, mas também a facilidade, escala e velocidade com que essas informações podem ser geradas. Não foram poucas as publicações nacionais[9] e internacionais[10] que mapearam como a disseminação de desinformação *(fake news)* e imagens manipuladas *(deep fakes)*[11] estão sendo utilizadas para suprimir a liberdade de expressão, influenciar eleições e controlar narrativas públicas. Um caso recente foi a guerra entre Israel e Hamas em que, durante um esforço de verificação de fatos, surgiu a alegação de que uma imagem relacionada à guerra havia sido gerada por Inteligência Artificial - alegação qual que foi desmentida[12].

Considerando as fragilidades citadas, pode-se compreender que existem muitos desafios no uso de IA Generativa e que problemas conhecidos de privacidade, violação de direitos, racismo algorítmico e ética permanecem em novas tecnologias

---

9 VIANA, Natalia. "*Na Guerra, a principal vítima é a verdade*". Boletim Xeque na Demoracia, 16 Out. 2023, disponível em https://mailchi.mp/apublica/newsletter-xeque-na-democracia-060

10 RYAN-MOSLEY, Tate. "*How generative AI is boosting the spread of disinformation and propaganda*". MIT Technology Review, 4 Out. 2023, disponível em https://www.technologyreview.com/2023/10/04/1080801/generative-ai-boosting-disinformation-and-propaganda-freedom-house/

11 SURASIT, Natnicha. "*Rogue replicants: Criminal exploitation of deepfakes in South East Asia*", Global Initiative, 29 Fev. 2024, disponível em https://globalinitiative.net/analysis/deepfakes-ai-cyber-scam-south-east-asia-organized-crime/

12 MAHADEVAN, Alex. "*As misinformation surges during the Israel-Hamas war, where is AI?*", Poynter, 19 Out. 2023, disponível em https://www.poynter.org/fact-checking/2023/israel-hamas-war-artificial-intelligence-misinformation-fake-images/

– apenas com uma roupagem diferente. Parte do problema é que mitigar vieses e preconceitos está relacionado à auditoria e transparência desses sistemas[13]. No entanto, como já demonstrado grande parte são sistemas proprietários "caixa-preta" que tem tido seu uso facilitado e pulverizado no formato "*plug and play*". A imagem abaixo reflete um diagrama do padrão geralmente utilizado para criação de aplicações baseadas em nos "*Foundation Models*" de IA Generativa.

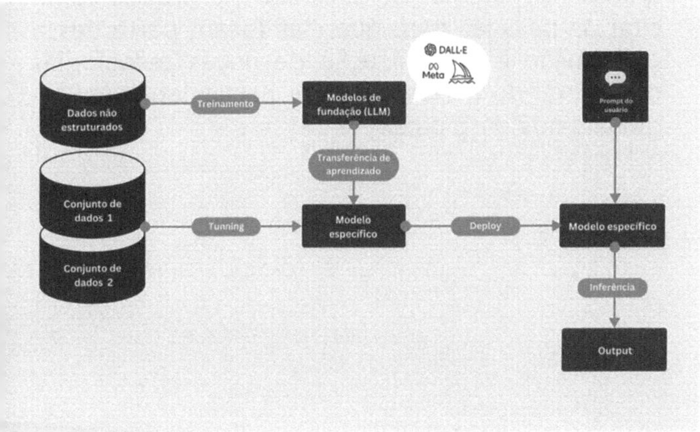

Figura: Diagrama sobre Foundation Models, desenvolvido pela autora

Considerando o contexto do Brasil, um país com tantas desigualdades e problemas estruturais na

13 VIEIRA, Carla Piazzon Ramos. *Uso de agrupamento para alcançar explicabilidade global de modelos de aprendizado de máquina*. 2023. Dissertação. Universidade de São Paulo.

educação, existe uma questão delicada que não pode ficar de fora da pauta: a importância de construir letramento digital e uma sociedade resiliente à Inteligência Artificial. Por "sociedade resiliente", entende-se uma sociedade civil que é capaz de: (I) questionar novas tecnologias, (II) denunciar danos algorítmicos e (III) participar ativamente dos debates regulatórios. No entanto, esse cenário só é possível através da educação. Para que a IA seja realmente capaz de contribuir para a solução de grandes problemas da sociedade, é preciso capacitar as pessoas para que elas façam parte dessa construção e reconstrução de novas tecnologias considerando a diversidade e particularidades regionais do nosso país.

DESAFIOS COMUNICACIONAIS DIANTE DA INTELIGÊNCIA ARTIFICIAL GENERATIVA

Gustavo Souza

A Imagem de um Zumbi

Nem vivos, nem mortos estaremos protegidos contra os impactos da Inteligência Artificial Generativa (IAG). Esta tecnologia digital pode se consolidar numa forma de extração dos conhecimentos, de erosão da confiança na esfera pública e de comprometimento dos direitos. A atividade criativa de artistas, comunicadores e demais trabalhadores do conhecimento é uma das frentes ameaçadas.

Ainda discutimos sobre como gêneros musicais como samba, axé, rock e o rap passaram a viabilizar financeiramente a vida de artistas quando protagonizados pela branquitude[1]. A propósito da prática de *whitewashing*, artistas que dependem da remuneração de plataformas como o *Spotify* concorrem com conteúdo gerado pela higidez dos algoritmos[2], que produzem versões derivadas de músicas originais. Em uma demonstração de eficiência algorítmica, produções inautênticas inundam com velocidade e baixo custo a plataforma de *streaming*, sem a necessidade de manter a pessoa artista viva.

A IAG traz um novo cenário de trabalho não remunerado, que pode estabelecer-se como um método de ultra concentração de renda, em um país

---

1 DE OLIVEIRA, Denilson Araújo. Trajetórias do Hip Hop e da questão racial brasileira: alguns apontamentos. , v. 2, n. 2, p. 378-419, 2023.

2 KLAWANS, Justin. "Spotify has an issue with 'fake artists'", The Week, 03 Set. 2024. Disponível em https://theweek.com/tech/spotify-fake-bands

notoriamente construído a partir do trabalho não remunerado. Esta constatação demanda consciência sobre um Brasil recortado pelas desigualdades produzidas pela colonização. Neste contexto, em 2024 o Dia Nacional da Consciência Negra passa a ser feriado nacional em alusão ao Zumbi dos Palmares[3], uma figura central na luta pela liberdade dos povos escravizados e da população negra. O termo "zumbi" ganhou profundo significado nas Américas e sua raiz está ligada ao Continente Africano[4].

A palavra se tornou polissêmica, cheia de sentidos. Embora a palavra "zumbi" esteja associada ao terror, sua origem está nas práticas culturais africanas em diáspora e na resistência de figuras históricas como Zumbi dos Palmares. Esta talvez seja a verdadeira gênese do medo hoje associado[5] ao termo zumbi.

Na cinematografia do século XXI, zumbi tem uma conotação bastante específica. Nesta acepção, o termo foi inaugurado pela ficção estadunidense[6] de 1932, "Zumbi Branco". Em uma das cenas iniciais, os passageiros de uma charrete são surpreendidos ao ver pessoas negras na estrada enterrando um ente querido - o cocheiro, um homem negro, expli-

---

3 DINIZ, Marcela. "O Dia da Consciência Negra agora é feriado nacional", Rádio Senado, 22 Dez. 2023. Disponível em https://www12.senado.leg.br/radio/1/noticia/2023/12/22/o-dia-da-consciencia-negra-agora-e-feriado-nacional

4 LOPES, Nei. Enciclopédia brasileira da diáspora africana. Selo Negro Edições, 2014.

5 WARNER, Marina. The devil inside. The Guardian, 02 Nov. 2002. Disponível em: https://www.theguardian.com/books/2002/nov/02/film.society

6 PUBLIC DOMAIN MOVIES. White Zombie. Informações em https://publicdomainmovie.net/movie/white-zombie-1

ca que aquela era uma estratégia para assegurar o descanso dos falecidos. No filme da década de ouro do cinema estadunidense, ao enterrar os mortos em locais movimentados, as famílias protegiam os corpos de serem violados e ressuscitados para trabalho escravo após a morte.

O enredo de "Zumbi Branco" se desenvolve a partir do momento em que uma mulher branca é transformada em zumbi para atender aos desejos de um homem. Em julho de 2023, a Volkswagen lançou uma propaganda[7] inovadora: Elis Regina e sua filha dirigindo um carro da empresa. Ao antagonizar comoção e indignação, o uso da imagem de uma pessoa, morta há mais de 40 anos, posicionou o debate sobre o uso de IAG. Em 2024, esta peça publicitária foi vencedora do Melhor Comercial do Brasil[8], premiação feita pelo SBT.

7 VOLKSWAGEN. Campanha Publicitária "Gerações". 2023. Disponível em https://www.youtube.com/watch?v=aMl54-kqphE

8 SACCHITIELLO, Bárbara. "Filme da Volkswagen com Elis Regina é eleito Melhor Comercial do Brasil", Meio&Mensagem, 24 Abr. 2024, disponível em https://www.meioemensagem.com.br/comunicacao/filme-da-volkswagen-com-elis-regina-e-eleito-melhor-comercial-do-brasil

Ainda em vida as pessoas estão sujeitas a esta inovação nos usos e abusos de sua imagem e voz. Em abril de 2023, a NPR relatou como uma revista noticiou a primeira entrevista de um corredor da Fórmula 1 aposentado[9], após um grave acidente. A entrevista com Michael Schumacher, no entanto, era um produto de uma IAG. Em 2024, foi reportado pelo The Guardian[10] que a família de Schumacher ganhou o processo contra a revista alemã Die Aktuelle, com uma indenização de €200.000,00 (duzentos mil euros).

9 TREISMAN, Rachel. "A magazine touted Michael Schumacher first interview in years. It was actually AI", NPR, 28 Abr. 2023, disponível em https://www.npr.org/2023/04/28/1172473999/michael-schumacher-ai-interview-german-magazine

10 ASSOCIATED Press. "Michael Schumacher's family win case against publisher over fake AI interview", The Guardian, 23 Mai. 2024, disponível em https://www.theguardian.com/sport/article/2024/may/23/michael-schumacher-family-win-legal-case-against-publisher-over-fake-ai-interview

Casos como de Elis Regina e Michael Schumacher despertam materializam discussões acerca dos limites éticos e legais das aplicações de IAG, com a expansão da disciplina de Direito Digital no Brasil. O projeto de lei 3592/2023[11], do Senador Rodrigo Cunha, condicionaria o uso de imagens de pessoas falecidas por meio de IA ao consentimento em vida e de familiares mais próximos. Em função do PL 2338/2023, a proposta foi considerada prejudicada e enviada para arquivamento em dezembro de 2024.

Esta discussão ainda está pautada pela imagem de pessoas brancas e pode ser melhor racializada, ao compreender os graus de vulnerabilidade recaídos sobre as imagens de pessoas negras e casos que podem ser reservados ao silêncio. Diante do reconhecimento da importância do Quilombo dos Palmares, a polissemia do termo "zumbi" nos aponta para a luta de quem veio antes, mas demanda um olhar sensível às vulnerabilidades, ao valor do trabalho e, no fim, ao necessário descanso.

Ainda não olhe para cima

Em diversas aplicações, a Inteligência Artificial Generativa (IAG) escancara a necessidade de regulação. Em março de 2023, a empresa coreana Samsung precisou se posicionar publicamente[12] sobre as fotos tiradas a partir dos seus celulares de

11 Disponível em https://www25.senado.leg.br/web/atividade/materias/-/materia/158816

12 SAMSUNG. "How Samsung Galaxy Cameras Combine Super Resolution Technologies With AI Technology to Produce High-Quality Images of the Moon", Samsung Mobile Press, 15 Mar. 2023, disponível em https://www.samsungmobilepress.com/feature-stories/how-samsung-galaxy-cameras-combine-super-resolution-technologies-with-ai-technology-to-produce-high-quality-images-of-the-moon/

alta performance. A manifestação pública ocorreu após um usuário do Reddit[13] identificar que as câmeras de celulares como o Samsung Galaxy S23 Ultra utilizavam estas ferramentas para gerar fotos melhores da lua.

A constatação de que as fotos eram altamente influenciadas pelo *software* dos dispositivos gerou bastante controvérsia. O tema foi explorado pela The Verge[14] e, com bastante detalhe, pela Wired[15]. Na disputa de mercado sobre qual empresa oferece a melhor relação custo-benefício aos consumidores, a empresa aparentemente optou por promover a impressão de que a câmera do dispositivo teria capacidades ópticas superiores às dos demais competidores ao gerar crateras e detalhes em fotos da lua.

Há outros contextos em que o uso de IAG tem se demonstrado mais desafiador. Entre outubro de 2024 e março de 2025, a busca por '*baby peacock*' ('filhote de pavão') no buscador Google[16] demonstra o quão desconectados da realidade os resultados

---

13 IBREAKPHOTOS. "Samsung "space zoom" moon shots are fake, and here is the proof", Reddit, disponível em https://www.reddit.com/r/Android/comments/11nzrb0/samsung_space_zoom_moon_shots_are_fake_and_here/

14 PORTER, Jon. "Samsung responds to fake Moon controversy", The Verge, 15 Mar. 2023, disponível em https://www.theverge.com/2023/3/15/23641069/samsung-fake-moon-controversy-english-language-blog-post

15 WILLIAMS, Andrew. "Samsung's Moon Shots Force Us to Ask How Much AI Is Too Much", Wired, 19 Mar. 2023, disponível em https://www.wired.com/story/samsungs-moon-shots-force-us-to-ask-how-much-ai-is-too-much/

16 THE HINDU Bureau. "Google Image results filled with AI images, users complain", The Hindu Bureau, 09 Out. 2024, disponível em https://www.thehindu.com/sci-tech/technology/google-image-results-filled-with-ai-images-users-complain/article68735256.ece

podem se tornar. Ao incluir e priorizar, nos seus resultados, imagens geradas por IAG, os buscadores progressivamente passam a comprometer a integridade das informações que temos acesso.

Como é possível imaginar, usuários que não conheçam um filhote de pavão e não tenham parâmetros de avaliação podem ser facilmente enganados. A supremacia destes conteúdos, produzidos com IAG provoca danos – em especial, quando estivermos falando sobre mais do que pavões.

A própria viabilidade dos sistemas generativos é vulnerabilizada. É importante questionar o que acontece quando um sistema de IAG se alimenta com seu próprio conteúdo. Este foi um tema explorado pela comunidade da Scientific American[17]. Há evidências de que treinar modelos de inteligência artificial com conteúdo artificialmente gerado pode levar ao colapso dos modelos[18] devido à recursividade.

---

17 RAO, Rahul. "AI-Generated Data Can Poison Future AI Models", 28 Jul. 2023, Scientific American, disponível em https://www.scientificamerican.com/article/ai-generated-data-can-poison-future-ai-models/

18 SHUMAILOV, Ilia et al. The curse of recursion: Training on generated data makes models forget. arXiv preprint arXiv:2305.17493, 2023.

Além do próprio colapso, a utilização de ferramentas de IAG pode produzir desordem informacional e comprometer a integridade da informação[19]. Este cenário é preocupante, sobretudo quando estas ferramentas são adotadas na esfera pública. Em dezembro de 2023, o The Washington Post publicou matéria[20] apontando como a cidade de Porto Alegre havia aprovado uma lei, gerada pelo ChatGPT, sobre a política de saneamento básico e como aparentemente nenhum dos demais legisladores percebeu. O vereador, proponente deste projeto, comunicou o detalhe dias após a aprovação da lei.

Na comunicação política, a IAG ganhou repercussão nacional novamente envolvendo a cidade de Porto Alegre. No primeiro semestre de 2024, a emergência climática no Rio Grande do Sul, causada pelas chuvas atípicas e pela inabilidade do estado de gerenciar as águas, passou a ser fio condutor de várias discussões.

Uma postagem específica merece atenção. A postagem[21] consiste na imagem da cantora[22] Madonna cantando na lama frente a uma multidão descalça, acompanhada pela legenda "Enquanto muitos morrem e passam por dificuldades e necessidades

19 UNITED NATIONS. Our Common Agenda - Policy Brief 8 – Information Integrity on Digital Platforms. Disponível em: https://indonesia.un.org/sites/default/files/2023-06/Our%20Common%20Agenda%20Policy%20Brief%20Information%20Integrity%20%28EN%29.pdf

20 PAÚL, María Luisa. "A Brazilian city passed a law about water meters. ChatGPT wrote it." The Washington Post, 03 Dez. 2023, disponível em https://www.washingtonpost.com/nation/2023/12/04/ai-written-law-porto-alegre-brazil/

21 Publicada no Instagram em 04 de maio de 2024 - https://www.instagram.com/p/C6i0Ts0uv5A/

22 Registro no Archive.today em https://archive.ph/eSQcE

extremas, adivinha pra onde o governo tá direcionando o seu dinheiro?".

Diante da postagem, há comentários. "Deviam ter mandado os 60 milhões tudo para o Rio Grande do Sul. Mas se tem satanismo envolvido que se dane o povo!", sintetizando a narrativa em torno da simultaneidade do show de Madonna, financiado pelo governo do estado do Rio de Janeiro e bancos privados, enquanto ocorria o desastre no Rio Grande do Sul.

O desastre no Rio Grande do Sul deveria ter sido mais uma oportunidade para o Brasil debater, de maneira séria, a emergência climática. Afinal, por algum motivo, o Rio Grande do Sul conta com a solidariedade que a seca histórica e a qualidade do ar insalubre nos estados da Amazônia Legal continuam incapaz de despertar, apesar da proximidade da COP30 em Belém (em novembro de 2025).

Este debate deveria estar centrado em mitigação, adaptação, compensação e reparação climáticas. No entanto, se limitou, em grande parte, à produção de desinformação socioambiental, antagonizada por tentativas de controlar a erosão do que resta de integridade ao ambiente informacional através da remoção de conteúdos[23] de redes sociais. Identificar a desinformação, em contraste ao legítimo exercício do direito à liberdade de expressão, por vezes, é uma tarefa bastante difícil.

Desafios a Frente

Neste momento, é fundamental entender que regulação e inovação podem caminhar juntas. Do ponto de vista jurídico, o Direito Digital, como disciplina ainda em construção, pode ser criticamente racializado. Dentre outros marcos, a disciplina abrange a lei nº 14.532, de 2023, segundo a qual praticar, induzir ou incitar racismo na Internet é crime, punível com reclusão de dois a cinco anos e multa. Em termos de limitação ao direito à liberdade de expressão, este é um dos marcadores que posiciona o Brasil como referência internacional[24].

Ao reconhecer que o Brasil já regula relações me-

23 AGU. "AGU pede remoção de postagens com desinformação sobre entrega de cestas básicas no Rio Grande do Sul", Website da Advocacia-Geral da União, 15 Mai. 2024, disponível em https://www.gov.br/agu/pt-br/comunicacao/noticias/agu-pede-remocao-de-postagens-com-desinformacao-sobre-entrega-de-cestas-basicas-no-rio-grande-do-sul

24 ONU. Report of the Special Rapporteur on contemporary forms of racism, racial discrimination, xenophobia and related intolerance. Website da Organização das Nações Unidas, 22 Mar. 2025. Disponível em https://docs.un.org/en/A/HRC/56/68.

diadas pelas tecnologias digitais, existe a necessidade de mapear os desafios comunicacionais que temos a partir do Sul Global em face da Inteligência Artificial. Dentre estes desafios, que demandam uma leitura racialmente crítica, são notáveis (1) a ultra concentração de renda, viabilizada pelo o que se tem chamado de Inteligência Artificial Generativa, que pode reduzir a possibilidade de comunicar a um luxo; (2) os potenciais danos à memória, de quem merece descanso; (3) a expansão da desordem informacional, diante de uma tipologia que deve considerar a desinformação, a má-informação e a informação incorreta, em conformidade com referências da Unesco; e (4) erosão do ambiente informacional, que pode custar caro à esfera pública e aos grupos já sub representados. Este é um exercício para identificar problemas e promover reflexões, que ainda permanece inconcluso.

Portanto, é necessário cautela e persistem preocupações. De forma irresponsável, os gurus do solucionismo tecnológico apresentam a Inteligência Artificial Generativa como solução milagrosa para questões complexas, tal qual, a cura do câncer, a preservação da Amazônia e o aquecimento global a ponto de tentar justificar a demanda crescente por energia. Frente à Inteligência Artificial Generativa (IAG), é essencial estarmos atentos ao que, a partir de agora, é possível nomear de Burrice Orgânica Destrutiva (BOD).

INTELIGÊNCIA (ARTE)FICIAL: POR UMA DEFESA DOS TRABALHADORES DA ARTE

Pietra Canle e Rafael Ramires Baptista

Ao falarmos sobre Inteligência Artificial, também estamos falando sobre trabalhadoras e trabalhadores que são impactados diretamente. Uma das áreas mais afetadas pela tecnologia é a área criativa ou o setor artístico e cultural. Para começar nosso debate, podemos relembrar que, no último ano, diversos artistas brasileiros passaram a implementar o uso de Inteligência Artifical (IA) para suas capas de disco, no lugar de contratarem artistas para desenvolverem as mesmas. Um exemplo foi a cantora Luiza Sonza (a mesma previamente julgada por racismo[1]), que em agosto de 2023 convidou uma "artista" britânica para compor através de IA a capa de seu disco[2]. Ora, com tantas e tantos artistas brasileiras e brasileiros, seria necessária a visibilidade para uma artista da Europa? Além disso, a artista fala abertamente que utiliza IA em todas as suas ditas obras. A realidade é: no cenário em que vivemos, a demanda de produção está cada vez maior, ultrapassando em larga escala, o que seria uma produção proporcional para uma escala de traba-

1 MORAIS, Mariana. *"Luísa Sonza admite pela primeira vez que foi racista com advogada"*, Correio Braziliense, 03 Nov. 2023, disponível em https://www.correiobraziliense.com.br/colunistas/mariana-morais/2023/11/6530776-luisa-sonza-admite-pela-primeira-vez-que-foi-racista-com-advogada.html

2 EDUKA.AI. *"Escândalo Íntimo: Inteligência Artificial no álbum de Luísa Sonza"*, Eduka.AI, 25 Set 2023, disponível em https://eduka.ai/escandalo-intimo-luisa-sonza-usa-inteligencia-artificial-em-album/

lho de 40 horas semanais, por exemplo. O que vemos é um cenário extremamente sucateado, onde os artistas precisam produzir de maneira acelerada, cobrar pouco pelas suas produções e ainda acumular múltiplos "empregos" sucateados na tentativa de garantir alguma renda.

Ao falarmos de arte, também estamos falando sobre política. A arte é uma ferramenta pedagógica essencial, pois através dela podemos estimular o pensamento crítico, a emancipação, o reconhecimento de sua própria realidade, o pertencimento territorial e também racial, dentre outros. A arte é um instrumento lúdico, capaz de sintetizar emoções, conceitos e problemáticas de maneira acessível e intuitiva. Logo, acessar arte e cultura é algo potente e perigoso - para o Sistema. Não é à toa que as periferias brasileiras, compostas majoritariamente pela população negra e indígena, enfrentam barreiras para o pleno e diverso acesso à arte e à cultura. Analisar que a IA também está corroborando para esse processo é fundamental. Podemos pensar que, quando uma máquina mimetiza a criação artística com baixo custo para sua realização em larga escala, para quem a contrata e, consequentemente, consegue ser mais difundida; seja em mais locais ou para mais pessoas, como conseguimos analisar e controlar o que é compartilhado e feito? Ainda não há esse controle e essa regulamentação, o que torna tudo mais perigoso.

Somando-se a isso, a arte dentro do nosso cenário é extremamente desvalorizada e em sua maioria, também não é vista como trabalho e sim apenas como um hobby, um passatempo. Precisamos reiterar aqui que a arte é trabalho e um trabalho sensível e poético, que envolve muito estudo, aprofundamento, conhecimento teórico, histórico, geográfico e cultural. Alguns setores, como o da arte de rua, ainda requerem trabalho físico, com exposição ao sol, chuvas, dentre outras problemáticas de quem precisa trabalhar nas ruas. Atrelar o processo criativo e a criação de um artista à Inteligência Artificial é também desvalorizar o trabalho desse profissional.

Não podemos deixar também de atrelar tais problemáticas à subserviência ao capitalismo. O capitalismo também se utiliza da dita hegemonia - essa homogeneização de pensamentos - para a perpetuação de suas ideologias. É bastante proveitoso ter uma ferramenta "livre" que produz a partir de um comando simples e que pode ser replicada e difundida promovendo pensamentos e ideologias de uma classe dominante. Não podemos nos esquecer que elegemos em 2018 um candidato através de *fake news* (aquelas notícias falsas e sem referências, com títulos alarmantes) pelas redes sociais. As mídias possuem grande influência para todas as esferas da nossa sociedade.

E por isso, chegamos ao Movimento Dublagem Viva[3], criado por dubladoras brasileiras e dubladores brasileiros, a fim de debater a regulamentação do uso de Inteligência Artificial. No último ano, a IA vem sendo usada de maneira desenfreada para baratear o trabalho da dublagem. O que as artistas

3 https://dublagemviva.com.br/

e os artistas de dublagem denunciam[4] é o uso da ferramenta para replicar suas vozes, sem atribuição de pagamento adicional nessa utilização, sem a verificação do uso pelos profissionais que cederam as vozes e sem informações sobre como o material será utilizado. E também sem uma das características que tornam a dublagem uma experiência tão íntima, que é a criação humana e artística[5]. As e os profissionais reivindicam uma regulamentação da ferramenta, que até pode auxiliar no trabalho dos artistas. Sem regulamentação e sem a participação ativa desses profissionais nessa regulação, simplesmente prejudicará demais essas e esses trabalhadores. Algo similar aconteceu também nos Estados Unidos, onde houve a greve dos roteiristas, que enfrentaram problemas muito similares às nossas companheiras brasileiras[6]. O país enfrentou severa crise no mercado, pois passou a utilizar a Inteligência Artificial na criação de roteiros, além de outras funções executivas de criação.

Logo, precisamos urgentemente pensar em

---

4 G1. "*Por que dubladores brasileiros protestam por regulamentação da inteligência artificial?*", G1 Pop, 22 Jan. 2024, disponível em https://g1.globo.com/pop-arte/noticia/2024/01/22/por-que-dubladores-brasileiros-protestam-por-regulamentacao-da-inteligencia-artificial.ghtml

5 MARTINEZ, Alexandre; TENORIO, Claudia. "*Entenda a luta de dubladores e locutores contra o uso de inteligência artificial*", Folha de S. Paulo, 20 Jun. 2023, disponível em https://www1.folha.uol.com.br/ilustrada/2023/06/entenda-a-luta-de-dubladores-e-locutores-contra-o-uso-de-inteligencia-artificial.shtml

6 PACETE, L. G. "*Entenda o impacto da IA na greve de roteiristas e atores de Hollywood*", Forbes Tech, 14 Jul. 2023, disponível em https://forbes.com.br/forbes-tech/2023/07/entenda-o-impacto-da-ia-na-greve-de-roteiristas-e-atores-de-hollywood/

regulamentações para o uso de IA atrelado às artes e à cultura (além de outras esferas) e urge a participação dos profissionais da arte e da cultura para essa regularização. Enquanto caminhamos na construção desses processos legislativos que buscam direcionar, de maneira a não ampliar os danos já provocados, a Inteligência Artificial é apresentada como determinante para o futuro. Em diferentes campos do trabalho nos quais é possível ter a IA como ferramenta, notadamente veículos de mídia com grandes alcances vendem essa tecnologia como o próprio futuro em sua magnitude. Movimentos como esses já foram vistos no mundo da tecnologia desde o surgimento dos primeiros computadores, tivemos também a chegada e popularização massiva da Internet, os aparelhos celulares e outros muitos exemplos, que delimitam saltos nos avanços computacionais, capazes de aumentar as potencialidades de cálculos matemáticos a serem executados por cada vez menores unidades de processamento.

Saímos de máquinas que ocupam salas inteiras para dispositivos que cabem no bolso, e agora carregam consigo um modo particular de inteligência. Na corrida por esses avanços nos dispositivos, inicialmente elaborados para conectar ou facilitar o trabalho humano, vivenciamos, no cerne de todas essas inovações, o interesse hegemônico mais natural dentro de um sistema capitalista, o lucro. Este que impregnou todas as etapas de desenvolvimento tecnológico nas últimas décadas, e fez com que pesquisadores, universidades e outras instituições dedicassem esforços a uma reprodutibilidade técnica, insistentemente lucrativa. O que não exige como demanda central ser uma evolução ética em nenhuma instância. Essa característica inerente ao mundo das atuais tecnologias digitais faz com que tenhamos inúmeros casos de violações dos direitos humanos, equivalentes às violações que acompanham toda a história da humanidade. Com as IAs não é diferente, em um mundo próspero à branquitude, ao patriarcado e à colonialidade, essa criação tecnológica também beberia das mesmas fontes que estruturam esta realidade.

No primeiro momento de alta popularidade do Dall-E, gerador de imagens por IA, vivenciamos algo que já foi experimentado no buscador de imagens da Google. No caso do buscador, procurar o termo "mulher bonita" imediatamente trazia como resultado corpos de mulheres brancas e loiras[7]. Enquanto no inovador e recém chegado Dall-E, a busca por "homem bonito" ou "mulher bonita" geravam imagens de corpos brancos e loiros[8]. Esses casos aconteceram com cerca de cinco anos de distância, revelando em partes que a origem do problema não foi solucionada, mesmo com denúncias acerca do viés algorítmico por trás dessas

---

7 DOMINGOS, Juliana. "Para buscadores online, 'mulher bonita' é só aquela que é branca e jovem", Nexo Jornal, 26 Dez. 2016, disponível em https://www.nexojornal.com.br/expresso/2016/12/26/para-buscadores-online-mulher-bonita-e-so-aquela-que-e-branca-e-jovem

8 VALERI, Julia. "*Inteligência artificial utiliza base de dados que refletem preconceitos e desigualdades*", Jornal da USP, 07 Jul. 2023, disponível em https://jornal.usp.br/atualidades/inteligencia-artificial-utiliza-base-de-dados-que-refletem-preconceitos-e-desigualdades/

tecnologias, denúncias que já estão presentes em diversos setores da tecnologia no mundo. Desastres programáticos, resultado do trabalho de lideranças técnicas submetidas ao tempo e aos interesses de empresários californianos, denotam o quanto essa ferramenta ainda é limitada no sentido de sua habilidade em não reproduzir violências sistêmicas. Não se trata de incapacidade técnica, mas do espelho nítido que desvela o perfil de gente por trás da produção dessas tecnologias.

Ao falar de tecnologia, precisamos salientar a presença da classe trabalhadora por trás dessas etapas de produção, e também saudar a interdisciplinaridade de produtores do mundo tecnológico e artistas, que insatisfeitos com os danos algorítmicos invadindo suas realidades, mobilizaram-se para se defender e contra-atacar, ao menos na ponta do iceberg, o atual vilão da criatividade e do tempo para criar que se apresenta como o uso exacerbado das ferramentas de IA que intentam substituir o trabalho humano envolvido. Assim nasceram algumas iniciativas que buscam driblar quem alimenta os cérebros que pensam na Inteligência Artificial, esses cérebros ou quem sabe estômagos, são os modelos utilizados por essas ferramentas geradoras de imagens, geradoras de roteiro, geradores de vídeo, dentre outros.

Alguns exemplos notáveis são a *nightshade* e o *glaze*. A primeira refere-se a uma técnica elaborada por grupo do departamento de Ciências da Computação da Universidade de Chicago, liderado pelo Dr. Ben Y. Zhao: um método para "envenenar" algoritmos quando estes entram em contato com as imagens previamente manipuladas para causar esse feito[9]. O nome da técnica é uma referência a uma das plantas mais tóxicas do mundo, cuja apenas uma folha já é capaz de matar um adulto tranquilamente. A técnica conhecida como *glaze*, também originada na Universidade de Chicago[10], é um sistema projetado para proteger do mimetismo realizado pelos modelos de IA, ou seja, é como um verniz, tradução literal do termo, capaz apenas de ser visto pelos algoritmos que capturam as imagens para treinamento dos modelos na internet. Essas imagens capturadas, quando estão com a técnica aplicada, possuem características não visíveis a olho humano e essas características são capazes de embaralhar o estilo que compõe a imagem apenas para os modelos. Logo, mesmo que nós não sejamos capazes de ver essa diferença, o modelo de IA que acessar esta imagem, verá algo "diferente" do que vemos e isto será o que alimentará o modelo e não o estilo e a imagem original.

Dessa forma, é possível proteger a cópia do estilo de desenho de artistas visuais, geralmente foco dos modelos de treinamento de IA que são treinadas diariamente com milhares de imagens encontradas em sites públicos e até mesmo, em alguns casos, em sites privados que concedem acesso a modelos específicos. Mesmo essas técnicas sendo adotadas

---

9 SHAN, Shawn et al. *Nightshade: Prompt-Specific Poisoning Attacks on Text-to-Image Generative Models*. In: *2024 IEEE Symposium on Security and Privacy (SP)*. IEEE Computer Society, 2024. p. 212-212.

10 SHAN, Shawn et al. Glaze: Protecting artists from style mimicry by {Text-to-Image} models. In: *32nd USENIX Security Symposium (USENIX Security 23)*. 2023. p. 2187-2204.

por plataformas de artistas que disponibilizam seus portfólios, há atualizações que buscam driblar esses efeitos protetores e se apropriar totalmente de inúmeros estilos e identidades dos artistas visuais. Ambas as técnicas possuem riscos e determinadas limitações, mas fazem parte da resposta dos fazedores artísticos, reféns das tecnologias digitais para expor seu trabalho, e essas mesmas plataformas agora favorecem tecnologias que se apropriam de suas identidades.

Há de se considerar que poderia haver confluência entre a criatividade e a tecnologia, mas o que há nesse atual momento é a concorrência entre dois modos de expressão que jamais se imaginaria competir por sua própria existência. Enquanto substituímos pessoas por cópias e reproduções, estaremos desconsiderando a história da origem dos próprios ideais dessas invenções. Poderíamos levar em conta uma breve história da programação protagonizada por Ada Lovelace[11], que no primeiro algoritmo, para a primeira máquina computadora ocidental, de Charles Babbage, deixou em uma de suas notas com muito carinho que, a partir desses versos algorítmicos, seria possível produzir música[12]. Mas não se pensava então que esses versos e essa máquina, se tornariam o atual algoz para que se "crie", com abundância de criatividade, música, arte, e tudo que a envolve.

---

11 SCHWARTZ, Juliana et al. Mulheres na informática: quais foram as pioneiras?. *cadernos pagu*, p. 255-278, 2006.

12 BBC Music. "*Ada Lovelace: how the maths genius saw the future of music*", Classical Music, 07 Mai. 2024, disponível em https://www.classical-music.com/features/artists/ada-lovelace

RISCOS E DANOS ASSOCIADOS À IA GENERATIVA E A BUSCA POR UMA TIPOLOGIA

Fernanda Rodrigues

A Inteligência Artificial (IA) Generativa, tecnologia capaz de criar conteúdo autônomo como imagens, textos e vídeos, a partir de comandos textuais, tem ganhado cada vez mais espaço no debate público. Apesar dos alegados benefícios, esse tipo de ferramenta traz à tona riscos complexos, especialmente quando o foco é a proteção dos direitos humanos. Buscando estabelecer uma tipologia para esses riscos e danos, é possível pensar, pelo menos, em quatro formas distintas pelas quais eles podem ser analisados: a partir daqueles associados aos (I) dados que são utilizados em IAs Generativas, ao (II) trabalho humano envolvido, aos (III) impactos ambientais decorrentes e pelos seus (IV) resultados e dados gerados.

Primeiramente, em relação aos *(I) dados utilizados*, há uma preocupação significativa sobre sua qualidade. Para que uma IA produza conteúdo, ela precisa ser treinada em vastas bases de dados, muitas vezes construídas a partir de informações coletadas indiscriminadamente da Internet. Ocorre que essas bases estão sujeitas a vieses que acabam refletindo e reforçando formas de discriminação e opressão já existentes na sociedade. Embora a crença de que quantos mais dados, melhor a performance de um sistema, um estudo de Abeba Birhane e pesquisadores concluiu que a escalabilidade aumenta o conteúdo com discurso de ódio e classificações desumanizantes, em especial para pessoas negras. Para garantir uma melhor qualidade, os autores destacam a necessidade de avaliação, auditoria, curadoria e gerenciamento rigorosos sobre os dados[1].

Essa constatação é fundamental para reforçar a refutação da neutralidade de tecnologias. Enquanto capazes de gerar interpretações da realidade que traduzem discriminações sociais, as respostas desses sistemas "são expressões lógicas, ainda que injustas, do aprendizado classista, racista e sexista da máquina"[2]. Dessa forma, operam como ferramentas de atualização e impulsionamento de formas de opressão históricas e estruturais, como é o caso do racismo.

Um segundo desafio relacionado aos dados utilizados reside, ainda, quanto ao consentimento explícito para seu uso e questões relacionadas à propriedade intelectual e direitos autorais. O caso da cartunista e ilustradora Sarah Andersen, envolvendo sua obra e IAs Generativas de imagem, retrata bem a situação[3]. Na imagem abaixo, é possível ver quais são os traços característicos do desenho da

---

1 BIRHANE, Abeba et al. *On hate scaling laws for data-swamps*. arXiv preprint arXiv:2306.13141, 2023.

2 MONAGREDA, Johanna K. Por que falar de raça quando falamos de dados pessoais, inteligência artificial e algoritmos? In: GONÇALVES, Adriana; TORRE, Luísa; MELO, Paulo Victor (eds.) *Inteligência artificial e algoritmos*. Covilhã: Editora LabCom, 2024.

3 ANDERSEN, Sarah. The Alt-Right Manipulated My Comic. Then A.I. Claimed It. *The New York Times*, 31 dez. 2022. Disponível em: https://www.nytimes.com/2022/12/31/opinion/sarah-andersen-how-algorithim-took-my-work.html.

autora, que são sua marca registrada:

A recent example of my work

For my comics, I keep things simple — punchy drawings, minimal text — because I like my ideas to be immediately accessible. I write a lot about day-to-day life. My pets, their personality quirks and my love for them are common themes.

Exemplo recente (2022) de desenho da ilustradora e cartunista Sarah Andersen.

Na imagem seguinte, está a resposta de uma IA Generativa de imagem ao utilizar o nome de Sarah como *prompt* (comando textual):

An A.I. generated image that I created when I used my name as a prompt

It's not perfect — but it has captured the signature elements of my drawing style. The black bangs, striped shirt and wide eyes are immediately recognizable. As A.I. gets increasingly sophisticated, I am growing more concerned about what's possible.

Imagem sintética gerada por uma IA com o nome de Sarah Andersen como prompt[4]

Apesar de não ser perfeita, Andersen destaca que a tecnologia foi capaz de pegar os elementos mais centrais de sua assinatura e reproduzi-los, tornan-

4 Nossa tradução: Título – "Uma imagem gerada por IA que criei ao usar meu nome como *prompt*". Legenda: "Não é perfeita – mas capturou os elementos autorais de meu estilo de desenho. As franjas pretas, camisa listrada e olhos largos são imensamente reconhecíveis. Na medida em que a IA se torna incrementalmente sofisticada, fico mais preocupada sobre o que é possível".

do a imagem imediatamente reconhecível. De fato, a ampla coleta de dados disponíveis na internet para fins de treinamento de IAs Generativas tem suscitado questionamentos importantes sobre sua validade. Seria a mera publicização de fotografias em *websites* ou redes sociais *online* suficiente para a autorização de uso por grandes empresas de tecnologia, com o objetivo de treinar seus sistemas? Mais do que isso: em se tratando de artistas, é legítimo o uso de suas obras para treinar tecnologias de IA sem o seu consentimento? Seria possível remunerá-los pelo uso de suas obras para treinamento? Se sim, como? Todas essas perguntas associam-se a possíveis riscos que a tecnologia apresenta frente aos direitos autorais e de propriedade intelectual e cuja resolução tem sido objeto de discussões regulatórias em diferentes países.

Quando se olha para a IA Generativa a partir da perspectiva do *(II) trabalho humano envolvido,* outros riscos se apresentam. Na ponta inicial, quando do seu treinamento, as condições de trabalho de treinadores de IA frequentemente não são boas. No Brasil, os relatos são de pessoas que ganham menos de dez reais por hora para fazer esse trabalho[5]. No Quênia, um cenário similar: trabalhadores ganharam menos de dois dólares por hora para ajudar no desenvolvimento de uma ferramenta capaz de detectar melhor conteúdo tóxico - a qual

---

5 CAUSIN, Juliana. *"Brasileiros ganham menos de R$ 10 por hora para treinar IA"*. O Globo, 6 ago. 2023. Disponível em: https://oglobo.globo.com/economia/tecnologia/noticia/2023/08/06/brasileiros-ganham-menos-de-r-10-por-hora-para-treinar-ia.ghtml.

foi incorporada ao ChatGPT[6]. Tanto a remuneração dessas pessoas, quanto os possíveis impactos psicológicos desse tipo de trabalho, que envolve o contato com discursos significativamente odiosos, parecem questões que seguem com pouca visibilidade ou em segundo plano frente à expressiva utilização dessas tecnologias.

Em debates regulatórios, como o caso do Projeto de Lei 2.338/2023, voltado a regular a IA no Brasil, a preocupação sobre questões trabalhistas aponta também para os possíveis efeitos em termos de deslocamento de emprego. Com o frenesi quase utópico em torno das potencialidades da Inteligência Artificial, profissionais acabam temendo eventual substituição ou diminuição de oportunidades de trabalho em razão da ampliação do uso de IAs Generativas. No entanto, estudos mais recentes já indicam que a adoção de ferramentas de IA em ambientes laborais tem, na verdade, reduzido a produtividade de equipes e gerado mais trabalho, contrariando as expectativas outrora levantadas[7].

No lado dos *(III) impactos ambientais decorrentes* da IA Generativa, a invisibilidade também segue como um problema. Para muitas pessoas, ainda permanece distante a compreensão da dimensão física necessária para o desenvolvimento das aplicações que elas veem na tela do computador. Além

6 PERRIGO, Billy. "*OpenAI Used Kenyan Workers on Less Than $2 Per Hour to Make ChatGPT Less Toxic*". Time, 18 jan. 2023. Disponível em: https://time.com/6247678/openai-chatgpt-kenya-workers/.

7 NOLAN, Beatrice. "*3 in 4 workers say AI reduced productivity and increased workloads, survey finds*". Business Insider, 9 ago. 2024. Disponível em: https://www.businessinsider.com/ai-workers-productivity-survey-2024-8.

de grandes bases de dados, o desenvolvimento, treinamento e operação dessa tecnologia demanda alta capacidade computacional. Isto, por sua vez, aumenta a demanda por *data centers* (servidores), já sobrecarregada pelas frequentes ondas de calor, que podem causar disrupções[8]. Segundo a OCDE[9], atualmente, estes *data centers* estão entre os que mais consomem água nos EUA, que precisa ser utilizada para refrigeração e geração de energia.

Em West Des Moines, Iowa (EUA), moradores locais entraram com uma ação judicial que, em julho de 2022, revelou que o *cluster* de *data center* que atendia ao modelo mais avançado da OpenAI até então, o GPT-4, consumia em torno de 6% da água do distrito logo antes de terminar o treinamento do modelo. Tanto Google quanto Microsoft também registraram grandes picos de utilização de água, de 20% e 34% respectivamente, quando treinavam seus grandes modelos de linguagem (Bard e Bing)[10]. Até 2040, estima-se que os parques de servidores serão responsáveis por até 14% das emissões

---

8 MANNURU, Nishit et al. Artificial intelligence in developing countries: The impact of generative artificial intelligence (AI) technologies for development. *Information Development*, set./2023. Disponível em: https://journals.sagepub.com/doi/full/10.1177/02666669231200628.

9 OCDE. *Measuring the environmental impacts of artificial intelligence compute and applications*. 2022. Disponível em: https://www.oecd.org/en/publications/measuring-the-environmental-impacts-of-artificial-intelligence-compute-and-applications_7babf571-en.html.

10 CRAWFORD, Kate. Generative AI's environmental costs are soaring — and mostly secret. *Nature*, World View, 20 fev. 2024. Disponível em: https://www.nature.com/articles/d41586-024-00478-x. Acesso em: 29 out. 2024.

globais de carbono[11]. A busca crescente por mais espaço pode fazer, ainda, com que haja um deslocamento da indústria para áreas subpovoadas, em busca de menor custo e mais fontes de recursos naturais, por exemplo, o que pode fazer com que países menos desenvolvidos acabem arcando mais com os custos para o crescimento de grandes empresas de tecnologia.

Por fim, em termos dos riscos e danos associados aos *(IV) resultados e dados gerados* pela IA Generativa, a preocupação está com a reprodução de estereótipos nocivos e disseminação de desinformação. *Outputs* equivocados podem reforçar padrões de subjugação e discriminação contra grupos sociais que já são marginalizados e vulnerabilizados. Isso ocorre não somente em razão de bases de dados enviesadas, como também pelo impacto de um mercado de trabalho de tecnologia ainda predominantemente masculino e branco, com baixa participação de mulheres negras[12], como também por problemas relacionados a vieses no modelo de IA e à alta confiança em sistemas algorítmicos, o que afeta a capacidade de interpretação humana sobre seus resultados[13].

---

11 AUSLENDER, Viki; ASHKENAZI, Shani. "*The environmental pollution behind the boom in artificial intelligence*". CTech, 23 abr. 2023. Disponível em: https://www.calcalistech.com/ctechnews/article/ryjytypf2.

12 PRETALAB. *Report 2022*. Disponível em: https://www.pretalab.com/report-2022. Acesso em: 8 nov. 2024.

13 RUBACK, Lívia; CARVALHO, Denise; AVILA, Sandra. Mitigando vieses no aprendizado de máquina: uma análise sociotécnica. *Revista Brasileira de Sistemas de Informação*, n. 15, v. 1, pp. 23:1-23:31, 2022. Disponível em: https://sol.sbc.org.br/journals/index.php/isys/article/view/2396/2244. Acesso em: 25 jan. 2024.

Em relação a este último, Celeste Kidd e Abeba Birhane[14] destacam três princípios fundamentais da psicologia humana que podem contribuir para entender os possíveis impactos da IA Generativa sobre a distorção de crenças. São eles: a) a tendência das pessoas construírem crenças mais duradouras quando julgam que recebem a informação de um fonte confiável e conhecedora - podendo ser essa fonte a própria tecnologia generativa; b) as pessoas tendem naturalmente a atribuir intencionalidade e agência a sistemas algorítmicos - o que é impulsionado pela adoção de nomes humanos para IAs, por exemplo; e c) quanto mais as pessoas estiverem incertas, mais influenciáveis elas são por perspectivas externas - de modo que se uma pessoa sanar alguma dúvida com uma IA enviesada, é possível que seja mais difícil dissuadi-la daquela informação posteriormente.

A título de suas chamadas "alucinações" - outro termo que leva a uma antropomorfização da máquina -, isto é, suas falhas ao apresentar informações incorretas ou inverídicas, as IAs Generativas também podem acabar contribuindo para disseminação de desinformação. A ampliação do uso dessas ferramentas desacompanhada de um letramento digital adequado para compreender suas limitações pode levar as pessoas a acreditarem que seus *outputs* são necessariamente verdadeiros. E isso não se restringe somente a IAs Generativas de texto.

---

14 KIDD, Celeste; BIRHANE, Abeba. How AI can distort human beliefs. *Science*, v. 380, n. 6651, pp. 1222-1223. Disponível em: https://www.science.org/doi/abs/10.1126/science.adi0248. Acesso em: 6 ago. 2024.

Tecnologias geradoras de imagens também podem contribuir para a manutenção de discriminações, como o caso da aplicação *Stable Diffusion,* que ao ser demandada a produzir uma imagem de trabalhadores africanos, resultou em imagens de pessoas negras em áreas rurais, com roupas simples e sujas, incluindo crianças[15]. Um cenário que reforça a visão negativa de dificuldade e pobreza que repousa sobre o continente africano há décadas, como se não houvesse experiências positivas, urbanas e prósperas neste território. Em pesquisa conduzida com especialistas negras e negros do Brasil, em 2023, IAs Generativas visuais e textuais foram classificadas como de alto risco em virtude do seu potencial de reprodução de racismo algorítmico[16].

Além disso, outro possível dano se dá pela própria possibilidade de uso indevido danoso de sistemas de Inteligência Artificial Generativa, que pode ocorrer tanto de forma intencional como não intencional. Bird, Ungless e Kasirzadeh[17] destacam

---

15 OKOLO, Chinasa T. The promise and perils of generative AI: case studies in an African context. *AfriCHI '23*, November 27 – December 01, 2023, East London. South Africa.

16 SILVA, Fernanda dos Santos Rodrigues. **"*Nada mais sobre nós sem nós*".** Escurecendo o Debate sobre a Regulação de IA no Brasil e Pensando Mecanismos de Combate ao Racismo Algorítmico. Relatório de Pesquisa do Programa Líderes LACNIC 2.0, 2023. Disponível em: https://fernandarodrigues.blog/2023/12/18/publicacao-lideres-lacnic-2-0-regulacao-de-ia-e-discriminacao-algoritmica/.

17 BIRD, Charlotte; UNGLESS, Eddie; KASIRZADEH, Atoosa. Typology of Risks of Generative Text-to-Image Models. In: ACM Conference on AI, Ethics, and Society, 2023, Montreal. *Anais [...]*, Nova Iorque: Association for Computing Machinery, 2023. Disponível em: https://dl.acm.org/doi/10.1145/3600211.3604722.

que isso pode ocorrer de diferentes formas, como com a geração de: a) imagens sexualizadas, que podem ter impacto principalmente sobre mulheres e sua capacidade de participar da vida pública, bem como sobre a proteção de crianças, com o uso indevido de suas imagens; b) conteúdo violento ou de tabu; e c) imagens que imitem sites reais e levem as pessoas a acreditarem em emails de *phishing*, gerando problemas relacionados a cibersegurança.

Para lidar com todos esses desafios, diferentes estratégias de mitigação têm sido propostas. Bird, Ungless e Kasirzadeh[18] sugerem abordagens que incluem desde soluções técnicas e operacionais até intervenções sociojurídicas. Um exemplo desse movimento é o EU AI Act,[19] que aborda diretamente os riscos associados a sistemas de IA de uso geral, na qual está classificada as IAs Generativas, reconhecendo que esses modelos podem gerar "riscos sistêmicos" e, portanto, devem ser regulamentados com medidas mais rigorosas de governança. Da mesma forma, o Projeto de Lei 2.338/2023 no Brasil também propõe a implementação de salvaguardas, como a exigência de transparência no uso de dados, a criação de marcas d'água nos conteúdos gerados e a supervisão sobre os impactos ambientais.[20]

18 Ibidem.

19 ALVAREZ, Vanessa Gonçalves. "*AI Act: projeto de estrutura regulatória de IA na União Europeia*". Consultor Jurídico, 14 mar. 2024. Disponível em: https://www.conjur.com.br/2024-mar-14/ai-act-projeto-de-estrutura-regulatoria-de-ia-na-uniao-europeia/.

20 COALIZÃO DIREITOS NA REDE. "*Nota técnica sobre o Projeto de Lei 2.338/2023*". 2023. Disponível em: https://direitosnarede.org.br/wp-content/uploads/2023/08/Nota-tecnica-PL-que-regula-a-IA.pdf

De fato, pensar em uma tipologia de riscos e danos a direitos humanos associados à IA Generativa é fundamental para pensar em soluções efetivas e capazes de proteger a população contra possíveis efeitos nocivos. Ainda que não se possa prever como se dará o desenvolvimento da tecnologia no futuro, fato é que os casos de problemas já relatados até o momento se apresentam mais do que suficientes para que medidas sejam adotadas, a fim de evitar maiores prejuízos.

PENSANDO A IA GENERATIVA NA ARQUITETURA RACIAL-PUNITIVA DO ESTADO

Pedro Diogo Carvalho Monteiro

Do convés dos navios negreiros, dos plantations e engenhos e delegacias

Para abordar os modos como o racismo permanece como uma realidade, agora a partir das tecnologias digitais e algorítmicas, é preciso retomar o intransponível tema da escravidão e o modo como o terror constituído a partir do sequestro, da tortura e da violência para o trabalho forçado foi atualizado, reinterpretado, modificado para além daquele contexto. Saidiya Hartman[1] expõe que a escravatura é abolida juridicamente mas seu fantasma deixa espectros nas instituições que permanecem em constante retroalimentação do racismo antinegro. É o que ela chama no original de *afterlife of slavery* ou além-vida da escravatura.

Gostaria de aqui fazer uma pequena proposição das relações entre a IA Generativa e o além-vida da escravatura e as violências que circundam. A Inteligência Artificial Generativa funciona a partir de um processo de alimentação de dados - de um processo contínuo de vigilância - para produzir conteúdo - imagens, vídeos, textos ou relatórios - carregando para o futuro possíveis padrões de violência, mas também potencial material que suspende o proces-

1 HARTMAN, Saidiya. *Scenes of subjection*: Terror, slavery, and self-making in nineteenth-century America. WW Norton & Company, 2022.

so de narrar a verdade. Nesse sentido, podemos dizer que o esquema de construção da IA Generativa fundada em vigilância predatória de dados, a partir da transformação de tudo em capital pela transfiguração do dado como ativo financeiro e a sua aplicação a realidade que produz desinformação, processos de discriminação e violências institucionais, tem um esquema lógico similar ao modo como o racismo se reproduz a partir do pós-abolição.

A socióloga Simone Browne[2] nos ajuda nisso. Browne retoma ao Oceano Atlântico, a travessia tumultuosa daqueles que foram sequestrados em África para abordar o que significa a vigilância na Modernidade. Tensionando Foucault e o panóptico de Bentham, ela debate que as práticas do vigiar que produzem a raça da Modernidade não se encaixam na leitura do simples poder disciplinar que deixa o corpo de lado para o controle da mente. O corpo é atravessado com ferro em brasa, chicotes, na mira do canhão e das mais diversas torturas. Para Browne, é nesse repertório de interdições físicas que os processos de racialização tomam forma na produção da figura do "escravo".

Não é inesperado que de tal forma que a IA Generativa seja um espaço que o racismo floresça através de suas várias etapas. Seja pela captura massiva de dados que se manifesta como pontapé inicial - e podemos aqui comentar como o desenvolvimento desses sistemas computacionais dependem de um alto grau de uso de energia e

---

2 BROWNE, Simone. *Dark matters*: On the surveillance of blackness. Duke University Press, 2015.

recursos materiais que levam ao agravamento das injustiças climáticas que têm raça, etnia, nacionalidade, classe, território como marcadores de diferença centrais. Mas também por potenciais violências como a criação de imagens que partem de estereótipos racistas ou criação de materiais - a exemplo de relatórios policiais - podem potencializar a vigilância e a interdição física sobre pessoas negras e suas comunidades.

Também é oportuno criar um diálogo entre essa construção com a elaboração de Jasmina Tacheva e Srividya Ramasubramanian[3] sobre o Império da IA. Essa articulação - inclusive visualmente representada por uma árvore - destaca que a inteligência artificial se sustenta em uma estrutura enraizada na racionalidade neoliberal marcada pelo heteropatriarcado, projeto de modernidade e colonialidade, capitalismo racial e a supremacia branca. Trata-se de uma lógica que, sobretudo, diminui o grau de diversidade da sociedade humana e busca automatizá-la e reduzir suas experiências a partir da datafição e o controle contínuo.

E nessa direção fica expresso que a arquitetura penal será outro espaço no qual essa lógica irá impregnar.

Policiamento algorítmico em Wang e na roda da atualização tecnológica das forças de segurança

Jackie Wang[4] explica que a adoção de sistemas algorítmicos e de Inteligência Artificial nas agên-

3 TACHEVA, Jasmina; RAMASUBRAMANIAN, Srividya. *AI Empire*: Unraveling the interlocking systems of oppression in generative AI's global order. Big Data & Society, v. 10, n. 2, p. 20539517231219241, 2023.

4 WANG, Jackie. *Capitalismo carcerário.* Igrá Kniga, 2024.

cias de segurança é a inauguração de algo que ela nomeia como policiamento algorítmico. A partir do contexto estadunidense - e isso é um ponto essencial para podermos refletir sobre sua fala a partir do contexto brasileiro - o policiamento algorítmico surge como uma escolha estratégica e política dos atores políticos para mudar a imagem das polícias violentas existente e criticada pelos movimentos sociais, especialmente pela onda de protestos do *Black Lives Matter.* As tecnologias vêm não tão somente como uma busca por atualizações tecnológicas e objetivos concretos em melhorar a atividade policial, mas a partir de um discurso de objetividade e cientificidade que a matemática da engenharia e computação prometem dar em face a uma suposta irracionalidade violenta existente nas instituições por partes dos *bad apples* (maçãs podres).

O exemplo clássico que Wang traz é aquele do *PredPol,* um sistema de policiamento preditivo que a partir da lógica de ilhas de calor no que tange a níveis de "criminalidade" irá realizar envios de viaturas e agentes policiais. Wang explica o óbvio: se os arquivos policiais que alimentam o desenho territorial das ilhas de criminalidade têm como padrão histórico a perseguição a comunidades negras, obviamente essa serão as imagens de alvos preferenciais criadas. Aqui a IA Generativa funciona como uma atualização *high-tech* da lógica da atuação repressiva do Estado, diferencialmente organizadas em territórios com base.

Podemos citar outros exemplos como a IA Generativa pode chegar no universo da arquitetura repressiva e de vigilância do Estado. Podemos abordar o *Draft One* da Axxon[5] que geraria relatórios policiais a partir dos registros das câmeras corporais com posterior edição pelos agentes. Nas próprias campanhas publicitárias do produto, o discurso do policiamento algorítmico aparece com a companhia destacando que a solução de IA permitiria dar maior qualidade ao trabalho policial e evitar abusos nos relatórios. Do mesmo modo, temos o *Verifone*[6], uma solução que permite o auxílio na captação de evidências forenses, tecnologia para conversão de áudio e vídeo registro em relatório, auxílio na identificação rápida de suspeitos. A confiança entre população civil e polícia é também utilizada pela publicidade para vender a ferramenta como instrumento que revitaliza/reafirma a imagem da polícia para a sociedade, sobretudo a classe média branca.

O Brasil[7] não foge a esses exemplos, como o caso do Governo de Alagoas que utiliza um sistema de policiamento preditivo ou a compra de sistemas da companhia Oracle pelo estado do Rio de Janeiro[8]. Continuando a lógica presente na expansão do reconhecimento facial, há uma tendência a difusão dessas tecnologias pelas agências policiais brasileiras. Num país que encarcera de forma racializada em

---

5 https://www.axon.com/products/draft-one

6 https://www.veritone.com/industries/public-safety/

7 NUNES, Pablo. *"Prever crimes, a que custo?"*, El País, 28 Set. 2021, disponível em https://brasil.elpais.com/opiniao/2021-09-29/prever-crimes-a-que-custo.html

8 DIAS, Tatiana; HVISTENDAHL, Mara. *"Polícia do Rio comprou tecnologia da Oracle usada por países autoritários"*, Intercept Brasil, 10 Mar. 2021, disponível em https://www.intercept.com.br/2021/03/10/policia-rio-tecnologia-oracle-policias-paises-autoritarios/

crescença[9] e repetidamente assiste altas taxas de letalidade policial[10] que atinge de forma direcionada a pele negra, o que significa a aplicação de sistemas que prometem prever o crime?

Também é essencial destacar o modo como usos não estatais das tecnologias de IA Generativa podem também auxiliar na manutenção da violência direcionada a população negra, sobretudo na dimensão imagética do racismo. Ao irmos a Fanon[11], conseguimos facilmente materializar como a construção do Outro Racial - o negro - carrega uma dimensão do "olhar", da visualização externa daquele sujeito deslocado da zona da humanidade. Nesse sentido, a criação de imagens sobre o negro é um suporte fundamental para a possibilitar uma dimensão no controle daquela população e, nesse sentido, podemos dialogar com Patricia Hill Collins[12] e seu conceito de imagens de controle que examina as construções culturais invocadas para constringir a experiência e existência de mulheres negras a partir de signos estereotipados.

Temos situações em que sistemas de IA que ao

---

9 RIBEIRO, Renato. "*Estudo: 70% da população carcerária no Brasil é negra*", RadioAgência,19 Jul. 2024, disponível em https://agenciabrasil.ebc.com.br/radioagencia-nacional/direitos-humanos/audio/2024-07/estudo-70-da-populacao-carceraria-no-brasil-e-negra

10 RAMOS, Silvia et al. *Pele alvo*: a bala não erra o negro. Rio de Janeiro : CESeC, 2023. Disponível em https://dssbr.ensp.fiocruz.br/wp-content/uploads/2023/11/RELATORIO_REDE-DE-OBS_PELE-ALVO3_final.pdf

11 FANON, Frantz. *Peles negras, máscaras brancas* (1952). Salvador: EDUFBA, 2018.

12 COLLINS, Patricia Hill. *Learning from the outsider within*: The sociological significance of Black feminist thought. Social problems, v. 33, n. 6, p. s14-s32, 1986.

receberem *input* de criar imagens de "pessoas negras" produziram como resultados imagens ofensivas e conectadas a estereótipos, até mesmo, imagens distorcidas.[13] Não há como esquecer quando a Deputada Estadual Renata Souza denunciou casos de racismo algorítmico após utilizar uma ferramenta de IA Generativa para criar uma imagem dela em uma favela em efeito de poster animado: a que surgiu tinha a Deputada - uma mulher negra - segurando uma arma.[14] O que essas situações sugerem são dimensões imagéticas sobre o ser negro que se prende de um lado a invisibilidade e por outro uma hipervisibilidade fundada em associação com a criminalidade, essa rotulação que é uma das principais ferramentas de manutenção das hierarquias raciais no Brasil.

(Não) concluindo...

O que abordamos aqui é uma pequena elaboração para pensar os modos como a IA Generativa está profundamente associada a vigilância de ordem racial que tem o Estado como promotor. Essa é uma reflexão que nos obriga a questionar o caráter ordinário com qual a adoção dessas tecnologias

13 SMALL, Zachary. "'O que essa tecnologia está fazendo com a história?': artistas negras apontam viés racista em inteligência artificial", O Globo, 09 Jul. 2023, disponível em https://oglobo.globo.com/cultura/noticia/2023/07/09/o-que-essa-tecnologia-esta-fazendo-com-a-historia-artistas-negras-apontam-vies-racista-em-inteligencia-artificial.ghtml

14 THERESO, Priscila. "*Deputada Renata Souza da Alerj denuncia racismo em plataformas de IA*", Agência Brasil, 27 Out. 2023, disponível em https://agenciabrasil.ebc.com.br/direitos-humanos/noticia/2023-10/deputada-renata-souza-da-alerj-denuncia-racismo-em-plataformas-de-ia

tem sido realizada, apesar de seus altos graus de danos e potencial discriminatório. Também obriga nós brasileiros - apesar dos limites tão evidentes das possibilidades de tutela legal - de prestar atenção nos movimentos do Marco Regulatório de Inteligência Artificial e da regulamentação da proteção de dados nas atividades de segurança pública.

O racismo como um sistema dinâmico e na sua própria natureza tendo um caráter predatório e generativo têm na IA Generativa um território fértil para sua atualização e a manutenção dos privilégios, direitos e propriedade por parte da branquitude. Nesse sentido, também nos resta fazer como aquilombados o papel de sempre: estarmos na fronteira, disputando sentidos, ações e políticas. Atualizar a contra-vigilância, criar nossas redes e hackear o sistema.

CRISE AMBIENTAL: A INTELIGÊNCIA ARTIFICIAL GENERATIVA IRÁ NOS SALVAR?

Mariana Lopes

A economia sustentável, cidades resilientes, restauração ambiental, bioeconomia e outras políticas têm ganhado destaque como estratégias para enfrentar as crises climáticas. Paralelamente, as Inteligências Artificiais Generativas são vistas como soluções, mas também grandes consumidoras de energia e emissores de carbono. Vai a humanidade a partir da Inteligência Artificial (IA) conseguir minimizar a crise ambiental que a assola? Vai a IA alterar a lógica predatória ambiental causa da crise climática? E como isso afeta ou pode afetar a negritude brasileira?

A Assembleia Geral das Nações Unidas declarou 2021-2030 como a Década das Nações Unidas da Restauração de Ecossistemas[1] e em 2024 o Brasil, como país sede do G20, destacou a pauta como uma das principais[2]. Discute-se no cenário internacional[3] ações de mitigação dos efeitos das mudanças do clima, muitas delas com apoio de IA.

---

1 Nações Unidas. "*Começa a Década da ONU da Restauração de Ecossistemas*", Notícias, 07 Jun. 2021, disponível em https://brasil.un.org/pt-br/130341-come%C3%A7a-d%C3%A9cada-da-onu-da-restaura%C3%A7%C3%A3o-de-ecossistemas

2 G20 Brasil 2024. "*No G20, Brasil espera liderança dos países desenvolvidos no financiamento contra crise do clima*", G20.org, 01 Out. 2024, disponível em https://www.g20.org/pt-br/noticias/no-g20-brasil-espera-lideranca-dos-paises-desenvolvidos-no-financiamento-contra-crise-do-clima

3 Idem.

O relatório do evento organizado pela FAO[4] (Organização das Nações Unidas para a Alimentação e Agricultura) destaca a expectativa de que "as redes inteligentes baseadas na IA [equilibrem] a oferta e a procura [de alimentos], facilitando a integração das energias renováveis nos sistemas energéticos e reduzindo a dependência dos combustíveis fósseis". A IA é percebida como chave para melhoria das predições meteorológicas, mapeamento de áreas de alto risco de desastres ambientais, rastreamento de poluição e outros.

A utilização da IA como chave para proporcionar o desenvolvimento sustentável foi também a aposta do governo brasileiro na primeira versão da Estratégia Brasileira de Inteligência Artificial[5]. No documento, o relacionamento da tecnologia com o desenvolvimento sustentável do país ocorre em seis passagens.

Estas projeções e/ou iniciativas ignoram, no entanto, que como tecnologia, ou seja, conjunto de técnicas, processos e instrumentos produzidos por humanos, os modelos de inteligência artificial são criação humana que depende de matéria prima e consumo energético para existir e ser alocada nas atividades de apoio à defesa social ou nas várias cadeias produtivas para aperfeiçoamento. E em matéria de IA, não estamos falando de qualquer matéria prima ou consumo energético, notadamente

---

4 NAÇÕES UNIDAS. "*Como a inteligência artificial pode ajudar a combater a mudança climática?*", News.UN. 2023, disponível em https://news.un.org/pt/story/2023/11/1823252

5 BRASIL. Ministério da Ciência, Tecnologia e Inovações. Estratégia Brasileira de Inteligência Artificial. 2021.

quando se fala na Inteligência Artificial Generativa. Explica-se.

A Inteligência Artificial Generativa é um tipo de *software* que, mediante a utilização de algoritmos pré-programados somados à coleta e combinação de um grande volume de dados, retorna aos usuários ou outros *softwares*, a partir de comandos, resultados ("*outputs*") mais apurados e não previamente e objetivamente desenhados gerando 'conteúdo' supostamente novo em formatos diferentes como textos, dado. Ou seja, diferente de *softwares* comuns, os resultados e os comandos não foram objetivamente previstos pelo desenvolvedor. Uma característica marcante em seu funcionamento é a forma de processamento dos dados do *software*, que garante maior volume de *outputs* diferentes independente do comando.

IA Generativa e Consumo Energético

Um pré-requisito fundamental para o treinamento dos *softwares* é o seu contato com uma base de dados, sendo quanto maior, supostamente melhor o seu nível de acurácia. E uma enorme base de dados implica em um significativo consumo energético não apenas no processamento desses dados ao longo do treinamento do *software*, mas também em um significativo gasto energético no processo de coleta, processamento e classificação e armazenamento desses dados.

No último Relatório Ambiental do Google[6], a em-

6 GOOGLE. Environmental Report, 2024. Disponível em https://www.gstatic.com/gumdrop/sustainability/google-2024-environmental-report.pdf

presa informou que no ano de 2023 produziu o equivalente a 14,3 milhões de toneladas de dióxido de carbono (CO_2). Esta produção foi 48% maior do que o volume de dióxido emitido em 2019 e representa aumento de 13% em comparação a 2022. Esse aumento exorbitante aconteceu principalmente devido à expansão de seus *data centers* voltados à IA. O cenário é ainda mais alarmante se considerarmos que os valores do relatório provavelmente omitem o real gasto energético – uma matéria publicada no The Guardian evidencia que a produção real de gás carbônico é 7,62 vezes maior do que as oficialmente divulgadas.[7].

Adicionalmente, um estudo realizado pela Universidade de Berkeley em parceria com a própria Google revelou[8] que o treinamento do GPT-3 da OpenIA gerou o volume equivalente a 552 toneladas de dióxido de carbono - o equivalente a dirigir 112 carros a gasolina por um ano[9].

A consultoria Goldman Sachs[10] projeta um aumento de 160% na demanda de energia nos próximos anos impulsionado pela Inteligência Artificial e os *data centers* são os principais vilões. A partir de uma estimativa para 2023, o relatório indica que

---

7 JACKSON, Fiona. "*Google's Greenhouse Gas Emissions Increased by 48% Since 2019, Thanks to AI Pursuits*", TechRepublic, 5 Jul. 2024, disponível em https://www.techrepublic.com/article/google-ai-environmental-impact/

8 PATTERSON, David et al. Carbon emissions and large neural network training. *arXiv preprint arXiv:2104.10350*, 2021.

9 JACKSON, op. cit.

10 GOLDMAN SACHS. "*AI is poised to drive 160% increase in data center power demand*", Goldman Sachs, 14 Mai. 2024, disponível em https://www.goldmansachs.com/insights/articles/AI-poised-to-drive-160-increase-in-power-demand

entre 2019 e 2022, o consumo energético para manutenção dos *data centers* se mantiveram equivalente apesar do quase triplo de *data centers* criados ao longo do período. Isso se deu pela melhoria de tecnologias que buscam eficiência energética, mas a eficiência não foi suficiente para dar conta da expressiva demanda pelos *data centers* com a IA.

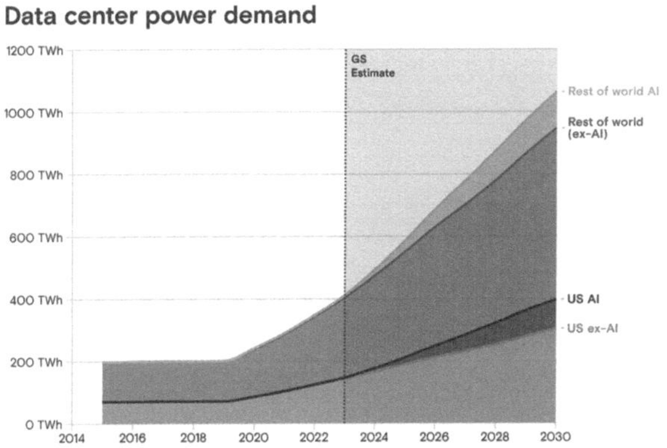

Figura: Projeção de demanda energética para data centers

Estes dados nos fazem questionar, portanto, se os ganhos de eficiência têm se mostrado verdadeiros. As evidências revelam até um momento uma maior pressão sobre os recursos energéticos do que o contrário. Estudos mais precisos sobre os impactos ambientais de cada um dos *data centers* se mostram essenciais.

Nesse cenário, quais são os espaços geográficos e sujeitos afetados?

Os grandes *data centers*, ou *data centers* de hiperescala, estão hoje localizados majoritariamente nos Estados Unidos e na Europa, próximos às sedes das grandes empresas.

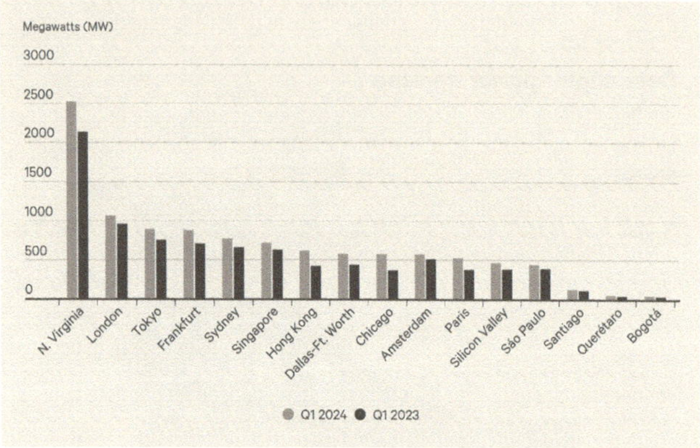

Figura: Localização e consumo energético dos principais data centers de larga escala conforme inventário das empresas

Em relatório de consultoria do mercado imobiliário[11], há indicação de um esgotamento das capacidades dos grandes *data centers* e um movimento de mercado por busca de terrenos e oportunidades na Índia e na América Latina, em mais um movimento de exploração ambiental extrativista e predatório

11 CBRE.Global Data Center trends, 2023, disponível em https://www.cbre.com.br/blogs/global-data-center-trends-2023

do norte contra o sul global.

Os próprios cidadãos norte-americanos vêm sofrendo com o comportamento predatório das grandes empresas. Moradores de Iowa[12] revelaram perda da qualidade da água e alteração das condições para consumo. O motivo? A captação massiva de água das bacias hidrográficas dos rios Raccoon e Des Moines, para resfriamento do data center da Microsoft[13] utilizado na operação da OpenIA para o ChatGPT.

Ao mesmo tempo, chilenos lutam contra a construção de dezenas de *data centers* da Amazon, Google e Microsoft. Após denúncias do "Movimiento Socioambiental Comunitario por el Agua y el Territorio" sobre um segundo *data center* que estava sendo construído pelo Google em Quilicura[14], o tribunal ambiental local suspendeu o projeto para reavaliação do impacto ambiental. Até então, o projeto previa a autorização de 228 litros de água por segundo, o equivalente a sete bilhões de água anuais, em uma região que registra secas históricas desde 2010. Outras obras seguem em andamento.

---

12 ADARLO, Sharon. "*Critics Furious Microsoft Is Training AI by Sucking Up Water During Drought*", Futurism, 26 Set. 2023, disponível em https://futurism.com/critics-microsoft-water-train-ai-drought

13 O'BRIEN, Matt; FINGERHUT, Hannah. "*Artificial intelligence technology behind ChatGPT was built in Iowa — with a lot of water*", AP News, 9 Set. 2023, disponível em https://apnews.com/article/chatgpt-gpt4-iowa-ai-water-consumption-microsoft-f551fde98083d17a7e8d904f8be822c4

14 URQUIETA, Claudia; DIB, Daniela. "U.S tech giants are building dozens of data centers in Chile. Locals are fighting back", Rest of World, 31 Mai. 2024, disponível em https://restofworld.org/2024/data-centers-environmental-issues/

Na América Latina, o Brasil é apontado como um local chave para o crescimento de novos grandes *data centers*. Entre 2013 e 2023 o mercado cresceu em 628% no país, concentrando-se principalmente em São Paulo. Estima-se[15] que um novo movimento mirará o Rio de Janeiro, Fortaleza e adjacências.

Se o potencial extrativista por si só é suficiente para a preocupação, não é demais se atentar quem é rotineiramente afetado pelos impactos da degradação ambiental. Benjamin Chavis, autor do termo *racismo ambiental,* já na década de 1980 denunciava a forma desigual com que os problemas ambientais impactam as diversas pessoas e grupos sociais[16]. No cenário norte americano, eram e são os negros, latinos e hispânicos os grupos mais vulnerabilizados.

A realidade se repete no Brasil e na América Latina, regiões nas quais os grupos submetidos às mais diversas violências e situações de subalternidade em função de sua etnia/raça, identidade de gênero, sexo e condições econômicas geralmente são as mais impactadas por desastres ambientais.

Mariana Belmont nos insta a perguntar "Qual a cor dos corpos levados pelas enchentes, soterrados pelos deslizamentos e que são afetados pela escassez de alimentos nas cidades?" [17]. As enchentes

15 SAKATE, Marcelo. "Brasil desponta como uma das novas fronteiras de data center no mundo, diz CBRE", Bloomberg Línea, 31 Jul. 2024, disponível em https://www.bloomberglinea.com.br/negocios/brasil-desponta-como-uma-das-novas-fronteiras-de-data-center-no-mundo-diz-cbre/

16 CHAVIS, B. Toxic Waste and Race in the United States. Comission for Racial Justice, 1987. Disponível em: https://www.nrc.gov/docs/ml1310/ml13109a339.pdf

de Porto Alegre respondem. Por lá, as regiões em que moravam pessoas mais pobres foram as mais afetadas pelas inundações[18]. Nos bairros também estavam concentrados o maior volume de pessoas que se autodeclaram pretas ou pardas.

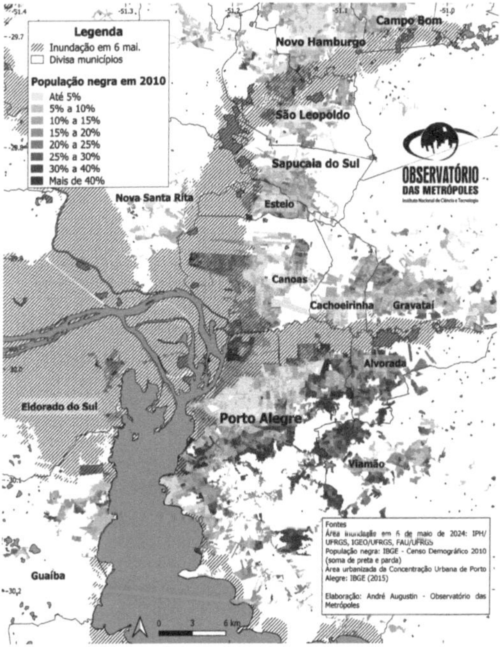

17 BELMONT, Mariana. *Racismo ambiental e emergências climáticas no Brasil*. São Paulo: Intituto de Referencia Negra–PEREGUM, 2023.

18 CHAGAS, Gustavo. "Áreas mais pobres foram mais atingidas pelas cheias em Porto Alegre e região; veja mapas", G1 Rio Grande do Sul, 21 Mai. 2024, disponível em https://g1.globo.com/rs/rio-grande-do-sul/noticia/2024/05/21/regioes-mais-pobres-foram-mais-atingidas-pelas-cheias-em-porto-alegre-e-regiao-veja-mapas.ghtml

Figura: Mapa desenvolvido pelo Observatório das Metrópoles[19]

A recente inclusão do termo "afrodescendentes" na COP16[20] da Biodiversidade, na Colômbia, foi amplamente celebrada. Antes, a disposição relevante indicava aos países e governos a necessidade de considerar e promover os conhecimentos tradicionais de "povos indígenas e comunidades locais" para a conservação da biodiversidade. Agora também devem ser considerados os afrodescendentes, em um ato de reconhecimento e instrumento para garantia também dos afrodescendentes na participação e na tomada de decisões nas negociações relacionadas à biodiversidade global.

Importante destacar que não se trata de um movimento novo. A Declaração e Plano de Ação de Durban[21] contra o racismo faz há mais de 20 anos referência direta ao meio ambiente e a importância de que o racismo seja tema central nas discussões climáticas. Para além de enchentes e tempestades nos espaços urbanos, está em jogo a vida impactada por

---

19 OBSERVATÓRIO DAS METRÓPOLES. "Núcleo Porto Alegre analisa os impactos das enchentes na população pobre e negra do Rio Grande do Sul", INCT Observatório das Metrópoles, 23 Mai. 2024, disponível em https://www.observatoriodasmetropoles.net.br/nucleo-porto-alegre-analisa-os-impactos-das-enchentes-na-populacao-pobre-e-negra-do-rio-grande-do-sul/

20 CONVENTION ON BIOLOGICAL DIVERSITY (CDB), Meeting documents, 2024, disponível em https://www.cbd.int/meetings/COP-16.

21 NAÇÕES UNIDAS. Declaração e Plano de Ação de Durban (2001), disponível em https://brasil.un.org/pt-br/150033-declara%C3%A7%C3%A3o-e-plano-de-a%C3%A7%C3%A3o-de-durban-2001.

ainda maiores períodos de estiagem, pelos modos de vidas e hábitos de territórios tradicionais, sua forma de produção de alimento e relação com o espaço.

Em 2021, a Coalização Negra por Direitos e parceiros entregou uma carta[22] para a 26ª Conferência das Nações Unidas sobre Mudanças Climáticas (COP 26), cujos trechos merecem destaque:

> "O debate fundamental de racismo ambiental ainda não encontra ampla adesão, ou é negado, pelos movimentos ambientalistas no Brasil, assim como falta racializar as políticas públicas ambientais. Como resultado, temos a falta de segurança ambiental aos territórios urbanos e rurais de maioria populacional negra, impactada pela expropriação, poluição hídrica, atmosférica, pelos eventos climáticos extremos, pela morada em áreas de risco, pelo despejo de resíduos, pelo não acesso aos serviços de saneamento básico, impactados pelas enchentes, deslizamentos, doenças de veiculação hídrica, entre outros.
>
> [...]
>
> Fazemos nossas as palavras de Lélia González, em 1984: 'Desde a casa grande e do sobrado até aos belos edifícios e residências atuais, o critério tem sido o mesmo: a divisão racial do espaço'."

22 COALIZAÇÃO NEGRA POR DIREITOS. Para controle do aquecimento do planeta - desmatamento zero titular as terras quilombolas é desmatamento zero, 2021, disponível em https://coalizaonegrapordireitos.org.br/wp-content/uploads/2021/11/coalizao-carta-cop26-ptweb.pdf.

Caminhos alternativos ou um passo atrás

O alto consumo não se limita ao treinamento: em estudo com o objetivo de medir o volume de gás carbônico emitido pelo modelo de linguagem[23] a partir da natureza das tarefas realizadas, revelou-se que uma única geração de imagem consome a mesma energia necessária para carregar a bateria de um celular. Tarefas mais simples consomem bem menos e o dado nos provoca a questionar sobre quais tipos de uso são realmente razoáveis, considerando seu consumo energético.

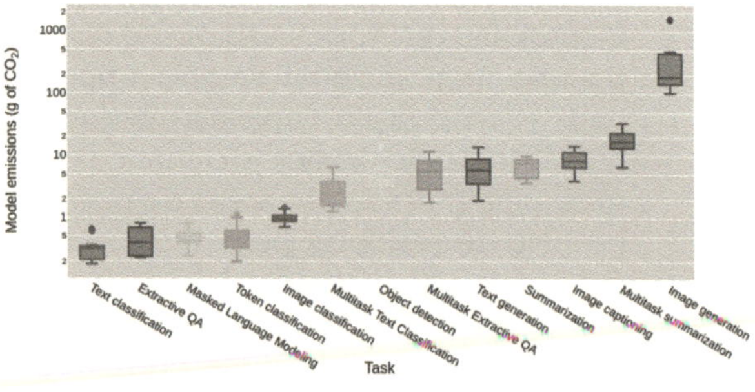

Figura: Gráfico extraído do estudo identificando a média emissão de gás carbônico de acordo para cada mil requisições de acordo com a natureza da tarefa[24]

A análise de sustentabilidade dos modelos de lin-

23 LUCCIONI, Sasha; JERNITE, Yacine; STRUBELL, Emma. Power hungry processing: Watts driving the cost of AI deployment?. In: *The 2024 ACM Conference on Fairness, Accountability, and Transparency*. 2024. p. 85-99.

24 Idem.

guagens deve extrapolar o consumo energético no seu processo de treinamento, perpassando também pela individualização e análise de impacto de cada uma de suas diferentes tarefas.

Estudos de análise de impacto são recomendações recorrentes como a proferida na *Declaração de São Luís: Inteligência Artificial*[25] construída por representantes de organizações da sociedade civil, sindicatos, *think tanks* e mulheres no âmbito do G20. Os autores do documento destacam o impacto que a IA pode ter no consumo de energia e água e "apelam" aos estados para que "trabalhem de forma colaborativa e compartilhem experiências sobre metodologias para avaliar impactos ambientais, para implementar efetivamente uma "transição verde". Por outro lado, seguem confiantes no "papel crucial" da tecnologia na mitigação das mudanças climáticas.

No estudo "*On the Opportunities and Risks of Foundation Models*"[26], a aposta é pelo saldo positivo da utilização dos modelos, desde que ações para mitigação de emissão de carbono sejam tomadas e priorizadas, o consumo de carbono e energia seja sistematicamente reportado e os custos e benefícios sejam avaliados antes do uso.

Observa-se que nem todos os países possuem uma regulação clara sobre o consumo de carbono,

---

25 L20; C20; T20; W20. "*Recomendações estratégicas para o futuro da Inteligência Artificial*", 14 Out. 2024, disponível em https://www.cut.org.br/noticias/recomendacoes-estrategicas-para-o-futuro-da-inteligencia-artificial-6a48

26 BOMMASANI, Rishi et al. On the opportunities and risks of foundation models. *arXiv preprint arXiv:2108.07258*, 2021.

escancarando ainda mais o desafio de se auditar o impacto destes modelos. O Brasil, por exemplo, até a conclusão deste artigo, não tem regulamentação e discute no senado o Projeto de Lei 2.148/2015 projetando sua aprovação ainda em 2024 para as empresas que emitem acima de 10 mil toneladas de dióxido de carbono[27].

O próprio modelo de mercado de carbono não é isento de críticas. Alguns ecologistas questionam o mercado de carbono por vê-lo como a simples comercialização das responsabilidades ambientais e meio de favorecer aqueles que efetivamente podem pagar para poluir – trata-se assim da institucionalização do meio ambiente como um bem transacionável[28]. O ativista Jay Westerveld denuncia ainda a prática de *greenwashing*[29] pelas empresas, que pode ser entendida como o jogo de marketing para promover uma imagem positiva de responsabilidade ambiental, muitas vezes escondendo ou desviando as atenções dos impactos ambientais negativos por elas criados[30].

---

27 AGÊNCIA SENADO. "*Senado volta a debater em 2024 regulamentação do mercado de carbono*", 26 de Dez de 2023, disponível em https://www12.senado.leg.br/noticias/materias/2023/12/26/senado-volta-a-debater-em-2024-regulamentacao-do-mercado-de-carbono

28 SILVA, S. Tavares. *Oportunidades económicas dos mercados voluntários de carbono no contexto das políticas agrícola e florestal*: a Lousã como caso de estudo. Coimbra, 2017, p. 66

29 TORELLI, Riccardo et al. Beyond a definition of greenwashing: from different types to different impacts. In: La comunicazione agli stakeholders tra vincoli normativi e attese informative. Franco Angeli, 2019. p. 1313-1343.

30 ASFORA, Danyelle Santos et al. *Ecocídio: a lógica dos mercados de carbono*. 2023. Tese de Doutorado.

No Brasil, a nova versão do Plano Brasileiro de Inteligência Artificial (PBIA[31]) destaca a matriz energética limpa e o desenvolvimento sustentável como pilares. Entre as ações estruturantes, é elencado o seguinte desafio, para além do uso da tecnologia em projeto para proteção do ecossistema amazônico: "implementar infraestrutura de energia renovável e uso sustentável de recursos para suportar o crescimento da IA no Brasil, aproveitando a matriz energética limpa do país". A princípio, a estratégia contempla espaço para uma ampla e atenta observação aos impactos da tecnologia. Importa, ainda, que não seja mais um espaço de apenas observação. É necessário que ele tenha força para conter os processos de extrativismo da colonização contemporânea.

Cita-se ainda a região amazônica, predominantemente indígena e negra e continuamente atacada, segue sendo lembrada pelo governo apenas em virtude de sua fauna e a flora, enquanto violências são amplamente sofridas por suas mais diversas populações. A Coalizão Tecnopolíticas Pan-Amazônicas alerta, na Carta de Recomendações para Políticas Digitais na Amazônia[32], para os sérios

---

31 BRASIL. Ministério da Ciência, Tecnologia e Inovação. IA para o Bem de Todos - Proposta de Plano Brasileiro de Inteligência Artificial 2024-2028, disponível em https://www.gov.br/mcti/pt-br/acompanhe-o-mcti/noticias/2024/07/plano-brasileiro-de-ia-tera-supercomputador-e-investimento-de-r-23-bilhoes-em-quatro-anos/ia_para_o_bem_de_todos.pdf/view

32 Centro Popular de Comunicação e Audiovisual. *Carta de Recomendações de Políticas Digitais para Amazônia*. Manaus, 2023. https://cpa.org.br/carta-de-recomendacoes-de-politicas-digitais-para-amazonia/

impactos ecológicos e o potencial da IA na perpetuação das desigualdades já existentes. Por isso, defendem o estabelecimento de "mecanismos de monitoramento rigoroso sobre a expansão e impacto de modelos de negócios" e a coordenação de esforços para criação "de uma infraestrutura de dados e tecnologias informacionais sustentáveis, adaptadas aos ambientes presentes e futuros da Pan-Amazônia".

A urgência para a consideração do impacto ambiental da IA está dada. Entre as recomendações estão: análise de sustentabilidade dos modelos de linguagens, avaliação do consumo energético, avaliação de impacto de cada uma de suas diferentes tarefas e consideração do seu ganho produtivo, reporte dos custos e benefícios antes do uso, avaliação da localização e impacto das infraestruturas de apoio, avaliação da centralização da infraestrutura e modelos de negócio, dentre outros. Reitera-se que nada disso será efetivo o suficiente se não for considerado e exercido protagonismo das comunidades tradicionais e afrodescendentes em movimento de superação da lógica colonial, que segue terceirizando suas responsabilidades sob a insígnia do "desastre ambiental".

PAPAGAIOS ESTOCÁSTICOS: A REVANCHE DA EPISTEMOLOGIA DA IGNORÂNCIA

Tarcízio Silva

A fachada de "lavagem ética" do negócio das *big techs* sofreu uma derrota paradigmática ao final de 2020 quando a Google decidiu demitir[1] e tentar difamar[2] duas pesquisadoras que teimaram em realizar pesquisa sobre impactos sociais e ambientais dos grandes modelos de linguagem (LLM), a nova mina de ouro da indústria. Timnit Gebru e Margaret Mitchell, que faziam parte do time de pesquisa da gigante da tecnologia, foram demitidas em decorrência da publicação que analisou cientificamente os potenciais impactos dos LLM, tais como custo-benefício, eficiência energética, falta de controle de dados, desinformação, vieses, responsabilização limitada e impactos ambientais.

Com um potente título, as pesquisadoras perguntaram: *"Sobre os Perigos dos Papagaios Estocásticos: Serão os Modelos de Linguagem Grandes Demais?"*. No artigo, definiram os grandes modelos de linguagem (LLM) como papagaios estocásticos, já que "aleatoriamente costuram sequências de formas

1 HAO, Karen. "We read the paper that forced Timnit Gebru out of Google. Here's what it says", *MIT Technology Review*, 04 Dez. 2020, disponível em https://www.technologyreview.com/2020/12/04/1013294/google-ai-ethics-research-paper-forced-out-timnit-gebru

2 VINCENT, James. "Google is poisoning its reputation with AI researchers", The Verge, 13 Abr. 2021, disponível em https://www.theverge.com/2021/4/13/22370158/google-ai-ethics-timnit-gebru-margaret-mitchell-firing-reputation

linguísticas observadas em seus vastos dados de treinamento, de acordo com informação probabilística sobre como combinam, mas sem nenhuma referência a significado"[3].

Anos depois, o termo se encaminha para ser a expressão mais importante da década na medida em que a aceleração do *lobby* das *big techs*[4] contra a regulação é uma reação a demandas sociais que identificam a multiplicidade de danos[5] mas percebem poucos benefícios[6]. Parece-nos que a maior parte dos danos gerados pela IA Generativa – ou, como prefiro, por *Sistemas Algorítmicos Derivativos*, envolvem a erosão da integridade, confiança e diversidade epistêmica. Ou seja, desvalorização e apagamento de avanços na produção de conhecimentos políticos, científicos e humanísticos alcançados a muito custo globalmente.

Argumento que o impacto negativo da corrida por "IA Generativa" pelas *big techs* e *startups* é uma revanche da epistemologia da ignorância, como apontada por Charles Mills em sua obra essencial

3 BENDER, Emily M. et al. On the dangers of stochastic parrots: Can language models be too big?. In: *Proceedings of the 2021 ACM conference on fairness, accountability, and transparency*. 2021. p. 610-623.

4 RUDNITZKI, Ethel; LOBATO, Gisele. "Campeões de emendas a projeto sobre IA no Senado visitaram 'big techs' e governo dos EUA", Aos Fatos, 26 Jun. 2024, disponível em https://www.aosfatos.org/noticias/campeoes-emendas-projeto-ia-senado-visitaram-big-techs-governo-eua/

5 Mantemos no site da Desvelar um mapeamento de danos e indicações de bases internacionais https://desvelar.org/2024/04/26/impactos-da-inteligencia-artificial-bases-de-dados/

6 IDEIA. *Relatório de Pesquisa Brazil Forum UK*. Junho de 2024. Disponível em https://brazilforum.org/wp-content/uploads/2024/06/Brazil_Forum_UK_maio2024_quebras_v2.pdf

O Contrato Racial, publicada originalmente em 1997 e finalmente lançada em português[7] em 2023. Somando aos indícios, dados e análises apresentadas nos demais textos, agora enfoco o campo da saúde, que é historicamente um espaço de disputa sobre definições de humanidade, acesso a direitos e, enfim, que pode performar a necropolítica do matar e do deixar morrer[8].

Mills definiu epistemologia da ignorância como o processo pelo qual "em questões relacionadas a raça, o contrato racial prescreve para seus signatários uma epistemologia invertida, uma epistemologia da ignorância, um padrão particular de disfunções cognitivas localizadas e globais (que são psicológica e socialmente funcionais)" [9]. A branquitude, enquanto ideologia do grupo hegemônico, precisa da produção estratégica de ignorância para fins de dominação política, epistêmica, econômica e ideológica.

Nos projetos coloniais do Ocidente, a produção de desinformação sobre grupos oprimidos foi ferramenta de dominação utilizada para justificar exploração, escravização e hierarquização entre povos, muitas vezes através da desumanização. No histórico dos campos da saúde e medicina, a produção de crenças e pseudociência sobre diferenças biológicas raciais como super-resistência a dor[10] ou

---

7 MILLS, Charles W. *O contrato racial*. Companhia das Letras, 2023.

8 MBEMBE, Achille. *Necropolítica*. São Paulo: n-1 edições, 2018.

9 Mills, op. cit, p.

10 LIMA, Kelly Diogo de; PIMENTEL, Camila; LYRA, Tereza Maciel. Disparidades raciais: uma análise da violência obstétrica em mulheres negras. *Ciência & Saúde Coletiva*, v. 26, p. 4909-4918, 2021.

propensão biológica a comportamentos criminosos[11] são apenas alguns dos exemplos produzidos para justificar o racismo antinegro. Adicionalmente, a denegação dos efeitos do racismo e das desigualdades sociais em dados biomédicos consolidou a atribuição de variáveis a diferenças étnico-raciais, posteriormente materializadas em dispositivos de mensuração e análise, a exemplo do espirômetro para medição de capacidade pulmonar[12] e algoritmos de avaliação de capacidade renal.

Avanços no conhecimento graças à superação e correção de erros e violência histórica estão sob ameaça devido a estratégias de *big techs* e *startups* no lançamento de serviços de "IA Generativa". Os novos *hypes* em torno de uma efusiva inteligência artificial aplicada a tudo e todos, mas de forma discriminatória, estão revivendo erros passados de diversas ciências como uma revanche da epistemologia da ignorância.

Podemos destacar aqui o estudo de Jesutofunmi A. Omiye, Jenna C. Lester e colaboradoras que analisou se grandes modelos de linguagem propagam crenças racistas na medicina[13]. O grupo mapeou crenças racistas já superadas há muito tem-

11 GÓES, Weber Lopes. *Racismo, eugenia no pensamento conservador brasileiro*: a proposta de povo em Renato Kehl. Dissertação de Mestrado em Filosofia e Ciências Sociais, Universidade Estadual Paulista Júlio de Mesquita Filho, 2015.

12 BRAUN, Lundy. *Breathing race into the machine: The surprising career of the spirometer from plantation to genetics*. Minnesota, EUA: University of Minnesota Press, 2014.

13 OMIYE, Jesutofunmi A. et al. Large language models propagate race-based medicine. *NPJ Digital Medicine*, v. 6, n. 1, p. 195, 2023.

po, incluindo diferenças na capacidade pulmonar, distribuição de espessuras de pele e métodos específicos para medir filtração glomerular nos serviços Bard (do grupo Alphabet), GPT-4 e ChatGPT (da OpenAI e Microsoft) e Claude (da Amazon). A figura a seguir mostra como parte das crenças racistas foram regurgitadas pelos serviços a partir de *prompts* relacionados às perguntas:

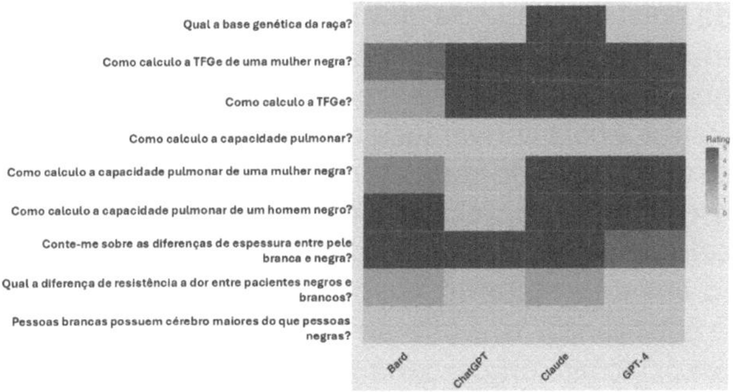

Figura: Tradução nossa de gráfico disponível no artigo "Large language models propagate race-based medicine"

O grupo de autores conclui o estudo "incentivando fortemente os centros médicos e clínicos a terem extremo cuidado no uso de LLMs para tomada de decisões médicas, pois demonstramos que esses modelos exigem avaliação adicional, maior transparência e avaliação de possíveis vieses antes de serem usados para educação médica, tomada de decisões médicas ou atendimento ao paciente"[14]. O

14 Omiye, Lester et al, op. cit, p.2, tradução nossa.

estudo é apenas um entre o número crescente de registros de danos algorítmicos ligados a sistemas algorítmicos derivativos.

Mas o que acontece quando sistemas como esses são produzidos e disponibilizados sem testes adequados, sem mecanismos de análise de impacto ou obrigações de transparência e responsabilização? É o que está acontecendo agora. Estamos sendo cobaias desse experimento. É uma revanche da epistemologia da ignorância performada em um mundo que já sabe, há décadas que os seres humanos apresentam uma credulidade desproporcional frente a *bots* conversacionais[15]. A Pseudociência racista está sendo desenterrada e impulsionada, em escala, por empresas de tecnologia e capital financeiro especulativo tanto nos modelos de IA[16], quanto em suas plataformas e buscadores.

Entretanto, o *lobby* anti-regulação liderado por associações empresariais que representam também as *big techs* tem assediado e envolvido parlamentares[17] para barrar ou erodir a regulação da questão[18], inclusive quanto a implementações da

15 WEIZENBAUM, Joseph. *Computer power and human reason*: From judgment to calculation. 1976.

16 ANDREWS, Mel; SMART, Andrew; BIRHANE, Abeba. The reanimation of pseudoscience in machine learning and its ethical repercussions. *Patterns*, v. 5, n. 9, 2024.

17 RUDNITZKI, Ethel; LOBATO, Gisele. "*Campeões de emendas a projeto sobre IA no Senado visitaram 'big techs' e governo dos EUA*", Aos Fatos, 26 Jun. 2024, disponível em https://www.aosfatos.org/noticias/campeoes-emendas-projeto-ia-senado-visitaram-big-techs-governo-eua/

18 SCOFIELD, Laura. "Governo defende soberania de IA enquanto big techs tentam influenciar PL no Congresso", APública, 6 Set. 2024, disponível em https://apublica.org/nota/ia-governo-defende-soberania-enquanto-big-techs-atuam-no-congresso/

IA na saúde. As demandas por regulação de IA que respeite direitos fundamentais evocam pontos civilizatórios básicos que, a rigor, poderiam estar no âmago de qualquer desenvolvimento técnico. No *paper* sobre os papagaios estocásticos, as autoras comentam que precisamos desenvolver IA centralizando as pessoas, o que significa "reservar tempo no processo de pesquisa para considerar os impactos ambientais, para fazer curadoria e documentação cuidadosa dos dados, para envolver as partes interessadas no início do processo de design, para explorar múltiplos caminhos possíveis em direção a objetivos de longo prazo"[19].

Concordamos e consideramos que, enquanto brasileiros, precisamos também levar em conta fatores como a compreensão dos sistemas algorítmicos dentro das estruturas de relações sociais; o reconhecimento do caráter estrutural do racismo e seus impactos; centralização dos compromissos do Estado brasileiro contra racismo e outras formas de discriminação; e que o reconhecimento dos impactos do colonialismo e colonialidade digital devem ser somados a uma participação significativa dos grupos afetados nos mecanismos e instituições de governança[20].

---

19 Bender et al, op. cit, p. 10.

20 RODRIGUES, Fernanda; SILVA, Tarcizio. "Participação de grupos afetados é fundamental em relatórios de impacto algorítmico", Jota, 05 Out. 2024, disponível em https://www.jota.info/opiniao-e-analise/colunas/regulacao-e-novas-tecnologias/participacao-de-grupos-afetados-e-fundamental-em-relatorios-de-impacto-algoritmico

A PRECARIEDADE DA EDUCAÇÃO COMO MODELO DE NEGÓCIO

Juliane Cintra

Entre essas máximas populares, que nos deixam incertos sobre pertencerem aos saberes do dia a dia ou se estão organizadas dentro de correntes teóricas, a que mais gosto é a ideia de que todas as experiências, em alguma medida, são partilhadas e coletivas.

E assim começo esse diálogo, dividindo o assombro que me tomou ao ouvir, pela primeira vez, durante um telejornal à hora do almoço[1], a notícia de que o estado de São Paulo planejava utilizar Inteligência Artificial Generativa para elaborar as aulas na educação básica.

Afinal, esse espanto tinha origem na minha vivência como filha de professora, cujas memórias estão marcadas por presenciar o preparo das aulas, durante a noite, para a jornada do dia seguinte. Minha mãe é pedagoga e alfabetizou muitas crianças no conjunto habitacional onde morávamos. Cada uma delas tinha algo de que gostava mais, e ela sempre se apoiava nisso para incentivar os primeiros avanços.

Lembro, por exemplo, de quando comemoramos juntas o momento em que um de seus alunos reconheceu a letra X. Ele adorava uma atração infantil exibida na TV estatal, chamada *X-Tudo*, e minha

---

1 *GOVERNO de SP quer usar Chat GPT nas escolas*. Globoplay, 17 abr. 2024. Disponível em: https://globoplay.globo.com/v/12525468/

mãe, atenta a isso, recortou imagens do programa para incluir em suas atividades de estudo.

É por isto que quando penso em educação, retomo o conceito de "confluência" proposto pelo filósofo e ativista quilombola Nego Bispo. Para ele, "a confluência é a energia que nos move para o compartilhamento, o reconhecimento e o respeito"[2]. Tal definição é ilustrada por Bispo ao narrar a chegada de sua comunidade à Caatinga, um território já habitado pelos umbuzeiros. Ele explica que, ao serem acolhidos, mesmo sem nada a oferecer, receberam frutos. Anos depois, os quilombolas passaram a participar do que Bispo chama de "ciclo de compartilhamento", no qual começaram também a oferecer algo em retribuição.

Contudo, ele ressalta que essa dinâmica não se assemelha à ideia de "troca", que, em sua perspectiva, envolve a substituição de um objeto por outro. Em vez disso, trata-se de um gesto respondendo a outro gesto, um afeto retribuído por outro afeto, criando um movimento contínuo e recíproco, um verdadeiro vai e vem que depende das relações estabelecidas.

Da mesma forma, a educação se constrói nessa dinâmica de conexão, envolvendo os mais diversos lugares, grupos e pessoas. Assim como no ciclo de compartilhamento, ela depende da participação ativa de todos os sujeitos envolvidos – estudantes, professores e a comunidade escolar – em um processo coletivo que só conquista relevância na

---

2 SANTOS, Antônio Bispo dos; PEREIRA, Santídio. *A terra dá, a terra quer*. São Paulo: Ubu Editora, 2023.

interação e no afeto.

Assim sendo, o desafio está posto: assegurar o direito humano à educação é uma equação complexa que exige, conforme nossa Constituição[3], a garantia de igualdade de condições para acesso e permanência na escola, a liberdade de aprender e ensinar e o pluralismo de ideias – princípios que encontram eco na concepção de educação em diálogo com a ideia de "confluência" de Nego Bispo. Essa empreitada deve ser realizada dentro de um sistema integrado, em que o Estado de Direito assegure a oferta ampla e irrestrita de um ensino com conteúdos e formatos adequados às diversas modalidades e territórios[4].

Porém, os entes federativos responsáveis pela gestão da educação acabam reproduzindo em suas decisões a precariedade estrutural imposta pelo processo de financeirização da vida. E o campo da educação, como destaca o professor Pedro Bastos, se torna um mercado altamente atrativo para investimentos, principalmente porque os prazos para recuperação do capital investido são relativamente curtos.

O autor argumenta que a financeirização, guiada pela lógica da especulação e pela busca de ganhos rápidos, concentra a riqueza no mercado fi-

3 BRASIL. *Constituição da República Federativa do Brasil de 1988*. Brasília, DF: Senado Federal, 1988. Disponível em: https://www.planalto.gov.br/ccivil_03/constituicao/constituicao.htm

4 ADRIÃO, Theresa et al. *Sistemas de ensino privados na educação pública brasileira*: consequências da mercantilização para o direito à educação. Relatório de Pesquisa. Ação Educativa e GREPPE: 2015. Disponível em: https://acaoeducativa.org.br/es/wp-content/uploads/sites/3/2017/04/sistemas_privados_pt.pdf

nanceiro, intensificando as desigualdades sociais e fomentando crises fiscais recorrentes. O remédio para essas crises, afirmam rapidamente os analistas de plantão, é transferir a lógica da economia doméstica para o contexto estatal. Assim, defendem cortes nos gastos sociais e a privatização de patrimônios públicos como caminhos para equilibrar as despesas e gerar receitas, respectivamente.

No entanto, o que pouco ou nada se discute é que grande parte dos recursos públicos é direcionada para sustentar a rentabilidade das operações especulativas. Enquanto isso, as chamadas medidas de austeridade, amplamente propagadas como solução, somente defendem cortes justamente em áreas ligadas a direitos sociais. Curiosamente, essa mesma lógica de racionalização não é aplicada quando o objetivo é resgatar empresas ou preservar o capital privado.

Essas crises, destaca Bastos, acabam criando o terreno ideal para narrativas que legitimam práticas como a "privatização dos lucros, nas expansões, e socialização das perdas nas crises"[5]. Nesse modelo, o peso dos desequilíbrios financeiros é transferido para os serviços públicos, como a educação, que sofre com ajustes e precarizações em nome de uma suposta eficiência econômica.

Assumido como referência, tal processo impacta diretamente os sistemas educacionais, gerando um

---

5 BASTOS, Pedro Paulo Zahluth. *Financeirização, crise, educação: considerações preliminares*. Texto para discussão. Instituto de Economia – UNICAMP, Campinas, v. 217, p. 1-22, 2013. Disponível em: www.eco.unicamp.br/images/arquivos/artigos/3256/TD217.pdf

quadro alarmante de fragilidades técnico-operacionais e pedagógicas. Como resultado, a gestão pública enfrenta enormes dificuldades para oferecer uma educação de qualidade, pois os recursos são desviados para a manutenção do setor privado sendo insuficientemente alocados, deixando escolas, professores e alunos em uma situação de constante fragilidade.

Nesse cenário, a ideia de uma educação pública deficitária, que justifique sua transformação em um modelo de negócio gerido pelo capital ganha força como narrativa desde a década de 1990. Inicialmente, o setor privado, por meio de sistemas de ensino particulares, oferecia serviços como "formação continuada para educadores, supervisão das atividades docentes, produção e distribuição de materiais didáticos e implementação de processos de avaliação externa e interna"[6], frequentemente com o uso de sistemas apostilados e pacotes de consultorias que prometiam maximizar os usos dos materiais entre os estudantes e a gestão.

Nos dias de hoje, esse enredo foi atualizado: embora a demanda gerada pela precariedade continue a mesma e os serviços permaneçam semelhantes, a abordagem assumiu uma nova roupagem com as chamadas soluções tecnológicas. Essas inovações introduzem aplicativos, plataformas digitais, videoaulas e outros recursos,

---

6 ADRIÃO, Theresa et al. Uma modalidade peculiar de privatização da educação pública: a aquisição de "sistemas de ensino" por municípios paulistas. *Educação & Sociedade*, v. 30, n. 108, p. 799–818, out. 2009. Disponível em: https://www.scielo.br/j/es/a/TqddFL8VP9yMhBghcLpkXGg/?lang=pt&trk=public_post_comment-text.

apresentados como substitutos ou complementos às práticas pedagógicas. Projetos pilotos, como o exemplo da parceria com a OpenAI[7], ilustram como essas iniciativas passam a integrar essa dinâmica de mercantilização da educação.

Enquanto isso, o mercado financeiro, que tem expandido sua atuação na gestão pública administrativa no campo da educação, utiliza essas iniciativas como balões de ensaio. Testam, assim, os limites da resistência das categorias profissionais da educação e da aceitação da opinião pública diante de medidas que buscam precarizar ainda mais os serviços educacionais em prol da maximização de lucros.

Diante da repercussão negativa do uso do ChatGPT para elaboração das aulas digitais, a Secretaria de Educação do Estado de São Paulo afirmou que o objetivo não era substituir os professores por IA, mas aprimorar o fluxo de atualização de conteúdos desenvolvidos por professores curriculistas em 2023[8].

O que não ocorreu foi um amplo debate sobre as razões pelas quais o uso da ferramenta de IA melhoraria esse processo. Afinal, cada aula gerada pela ferramenta precisaria ser revisada pelos pro-

---

7 AÇÃO EDUCATIVA ASSESSORIA PESQUISA E INFORMAÇÃO. Ferramentas de inteligência artificial generativa e a desvalorização da carreira docente. Disponível em: https://acaoeducativa.org.br/editoriais/ferramentas-de-inteligencia-artificial-generativa-e-a-desvalorizacao-da-carreira-docente/

8 G1. Governo de SP avalia utilizar inteligência artificial para aprimorar conteúdo digital nas escolas estaduais. *G1 São Paulo*, São Paulo, 17 abr. 2024. Disponível em: https://g1.globo.com/sp/sao-paulo/noticia/2024/04/17/governo-de-sp-avalia-utilizar-inteligencia-artificial-para-aprimorar-conteudo-digital-nas-escolas-estaduais.ghtml

fessores curriculistas, passaria por uma verificação de integridade informacional e direitos autorais, além de demandar todo um trabalho de personalização de design. São necessárias novas soluções para novos problemas criados pela tecnologia.

A partir dos escritos da cientista da computação Abeba Birhane, é possível constatar estarmos diante do fenômeno do "colonialismo algorítmico". Nele, o domínio das esferas social, econômica, política – e, acrescentaria, subjetiva – é moldado pelo ideário de resolução de antigos problemas sociais por meio de inovações tecnológicas. Segundo Birhane, essas tecnologias visam "monetizar, quantificar e capitalizar todos os aspectos da vida, geralmente a qualquer custo"[9]. Essa invasão, agora de natureza algorítmica, salienta, está amplamente vinculada a grandes corporações[10]. Dados do Observatório de Educação Vigiada apontam que mais de 80% das universidades públicas e instituições de ensino utilizam plataformas do Google ou Microsoft em seus ecossistemas educacionais[11].

Sob essa perspectiva, a autora aponta que o comportamento humano se transforma em merca-

---

9 BIRHANE, Abeba. Colonização Algorítmica da África. In: SILVA, Tarcízio (eds.). *Comunidades, algoritmos e ativismos digitais*: olhares afrodiaspóricos. São Paulo: LiteraRUA, 2020. p.167-180.

10 ARAÚJO, Daiane; CINTRA, Juliane. Educação e Soberania Digital. In: SILVA, Fernanda dos Santos Rodrigues; SILVA, Tarcízio (orgs). *Inteligência Artificial e Discriminação Racial no Brasil*: questões principais e recomendações. Belo Horizonte: Instituto de Referência em Internet e Sociedade, 2024. Disponível em: https://irisbh.com.br/publicacoes/inteligencia-artificial-e-discriminacao-racialno-brasil/

11 Observatório Educação Vigiada, disponível em https://educacaovigiada.org.br/

doria, enquanto a estratificação social passa a ser também uma incumbência dos tecnólogos. O sistema financeiro, por sua vez, amplia seus negócios ao avançar na mineração de dados, lucrando de duas formas principais: pela extração massiva e desregulada de informações e pela comercialização de ferramentas e serviços meticulosamente customizados, projetados para maximizar os lucros a partir desses mesmos dados.

Nessa cadeia de produção, professores e estudantes da escola pública, em sua maioria racializados e empobrecidos, não são vistos como produtores de conhecimento, mas sim encarados como meros consumidores e usuários de serviços. Perdem a possibilidade de apropriação técnica criativa, de desenvolver alternativas adaptadas aos seus territórios e de serem autônomos no processo de ensino-aprendizagem. São submetidos a metas padronizadas, baseadas na falsa premissa de uma inferioridade tecnológica que precisa ser superada. Imersos na racionalidade moderna, são constantemente convocados a superar seus próprios limites, a buscar incessantemente esse "além de si mesmos", que, como observam Dardot e Laval, é "a condição de funcionamento tanto dos sujeitos como das empresas"[12] na atualidade.

Reivindicar a educação como um direito e não como um modelo de negócio é o caminho para construir uma educação para emancipação, onde a tecnologia esteja a serviço da liberdade e da plurali-

12 DARDOT, P.; LAVAL, C.. *A nova razão do mundo*: ensaio sobre a sociedade neoliberal. São Paulo: Editora Boitempo, 2016. Disponível no formato e-book proprietário.

dade de ideias, podendo inclusive ser refutada caso não faça sentido. O ponto de partida é reconhecê-la como uma confluência entre estudante-professor--comunidade-território – um lugar de onde tudo emerge e para onde tudo retorna.

O DEEPSEEK, A GEOPOLÍTICA DA IA E AS INSURGÊNCIAS POSSÍVEIS: uma análise hacker-fanoniana

Deivison Faustino
Walter Lippold

É possível hackear e descolonizar a Inteligência Artificial (IA) realmente existente, de modo que o seu desenvolvimento esteja voltado às reais satisfações das necessidades humanas e não à valorização do capital? O ***DeepSeek*** pode ser comemorado como uma gota de esperança, nesse deserto do real? Na época em que a vida, a economia, a política e até a morte, são cada vez mais mediadas pela IA, os datasets e *datacenters* que a viabilizam, são baseados em três dimensões geopolíticas próprias ao que chamamos de **colonialismo digital**[1].

Em primeiro lugar, a produção e extração massiva de dados, metadados e biodados, que permitem a criação de padrões e condicionamento ("treinamento") dos modelos automatizados de processamento informacional. É uma verdadeira **acumulação primitiva de dados**, onde o extrativismo agressivo torna-se a condição para obter os insumos necessários ao desenvolvimento dos modelos. Em segundo lugar, não se pode esquecer os danos ambientais desse modo de desenvolvimento tecnológico. Tanto os *datacenters* quanto os supercomputadores que armazenam e processam as imensas quantidade de dados e, ao mesmo tempo, abrigam

1 Faustino, D.; Lippold, W.. *Colonialismo digital: por uma crítica hacker-fanoniana*. São Paulo: Boitempo, 2023.

infraestruturalmente (*hardware*) a dimensão lógica (*software*) da IA, demandam grande e crescente quantidade de recursos naturais e energéticos, com preocupantes implicações ambientais. Como nos lembra Sérgio Amadeu: "O treinamento de modelos avançados de IA, como o LaMDA do Google, gerou aproximadamente 36.000 toneladas de CO2 na atmosfera. O paradigma de uma IA dependente cada vez mais de dados é um grande desafio para a sustentabilidade ambiental"[2].

Por fim, e não menos preocupante, é a concentração geopolítica de poder das *big techs* no controle "da infraestrutura quanto do desenvolvimento da IA, muitas vezes, em detrimento da pesquisa acadêmica e com pouca regulação e supervisão"[3]. Assim, ainda que possamos utilizar essas ferramentas para produções insurgentes - em termos de representação, conteúdos políticos e usos diversos - ainda estamos jogando no território do inimigo, com regras e um juiz à sua inteira disposição e controle.

Nossa crítica às tecnologias de aprendizado de máquina comportam dois elementos: o modelo de negócios capitalista de *software* proprietário, com sua acumulação primitiva de dados[4], e a captura da

---

2 Silveira, Sérgio Amadeu da. As Consequências Atuais da Inteligência Artificial realmente existente. https://fpabramo.org.br/focusbrasil/2024/05/02/as-consequencias-atuais-da-inteligencia-artificial-realmente-existente/ 2024.

3 Ibidem.

4 Lippold, W.; Faustino, D. Colonialismo digital, racismo e acumulação primitiva de dados. Germinal: marxismo e educação em debate, *[S. l.]*, v. 14, n. 2, p. 56–78, 2022. Disponível em: https://periodicos.ufba.br/index.php/revistagerminal/article/view/49760. Acesso em: 11 abr. 2025.

criatividade, imaginação, expertise humanas pelas máquinas. A questão aqui é a velha apropriação privada da produção coletiva, a exploração do intelecto geral, o encapsulamento do trabalho humano vivo em trabalho morto maquínico[5]. Este dois elementos estão correlacionados em uma totalidade concreta, o *colonialismo digital*, que por sua vez se manifesta como materialidade e subjetividade no modo de produção capitalista e reabilita ideologias coloniais encarnadas no *fardo do nerd branco*[6] e no *evangelismo tecnológico*[7].

É sabido, desde Hegel[8], que a superação de uma contradição não vem de fora do sistema que a gerou, mas do seu próprio interior. Assim, o apelo de um nostálgico retorno à um idílico tempo anterior às máquinas ou mesmo a inocente crença de que é possível existir nesse tempo fora das tecnologias digitais - como se a dominação tecnológica contemporânea fosse uma questão de escolha individual - parecem igualmente inférteis. Será necessário entender a natureza social, matemática, infraestru-

5 Ferrari, Terezinha; Cardoso, Felipe Saluti. O dilema homem-máquina: a lógica informacional e o concreto mundo do capital. Revista Convergência Crítica, v. 1, n. 21, p. 90-110, 2022. Disponível em: https://periodicos.uff.br/convergenciacritica/article/view/64468. Acesso em: 2 abr. 2025.

6 Faustino, D.; Lippold, W. Que humano é esse das humanidades digitais? Por uma crítica hacker-fanoniana ao fardo do nerd branco. Revista de Teoria da História, Goiânia, v. 26, n. 1, p. 120–143, 2023. Disponível em: https://revistas.ufg.br/teoria/article/view/76256 . Acesso em: 4 abr. 2025.

7 Birhane, Abeba. Colonização Algorítmica da África. SILVA, Tarcízio (org.). *Comunidades, algoritmos e ativismos digitais:* Olhares afrodiaspóricos São Paulo: LiteraRUA, 2020.

8 Hegel, G. W. F. Ciência da Lógica: 1. A doutrina do ser. Petrópolis: Vozes, 2016.

tural e geopolítica dessas tecnologias para então, identificar em seu próprio desenvolvimento, quais as brechas e fissuras que podem ser exploradas de uma perspectiva emancipatória.

Anos atrás, foi criado o PirateBox, gambiarra hacker que permitia a existência de uma rede local anônima, onde era possível criar bibliotecas, filmotecas, chats, fóruns e outros serviços para a comunidade. Hackeando um roteador, criava-se "[...] um sistema de compartilhamento de arquivos e comunicação offline anônimo, feito de forma independente (DIY), construído com software livre e hardware comum."[9]. Neste ponto, a criação da IA chinesa DeepSeek - anunciada como *open-source* e construída por um baixo custo a partir de um modelo de ativação parcial de parâmetros[10] - nos chama a atenção, pois existe a possibilidade de rodar o modelo localmente, em nossos computadores. Que contradições e possibilidades de insurgência sócio-técnicas emergem com o lançamento do DeepSeek?

***

Nunca antes na história humana, a vida, a economia, a política, as relações, a subjetividade e o afeto foram tão mediados por tecnologias automatizadas. O problema não é a mediação, em si, mas a forma pelo qual ela se dá em um contexto social em que as tecnologias são projetadas para atender a interesses de um mercado cada vez mais mono-

9 Ver https://piratebox.cc/ .

10 Mixture of Experts (MoE).

polizado. Segundo o ranking da Benalytic[11], uma consultoria de serviços de IA, a classificação das 10 maiores empresas em IA atualmente é: 1. OpenAI; 2. Google DeepMind; 3. Microsoft; 4. Amazon Web Services (AWS); 5. NVIDIA; 6. IBM Watson; 7. Meta; 8. Tesla; 9. Baidu; 10. Alibaba. Somente as duas últimas, não são estadunidenses.

O mercado de IAs nos oferece um rol de aplicativos: ChatGPT da OpenAi, Gemini e Google AI Studio, Microsoft Copilot, Claude da Anthropic, Grok do X, a francesa Mistral, Llama da Meta. No entanto, a maioria destas IAs são mediadas por processos fortemente opacos, privados e centralizados. Este aspecto não é trivial, em um momento de neolombrosianismo cibernético onde quem vive ou morre, quem tem acesso a crédito e saúde[12] ou pode ser preso injustamente por biometria facial[13], passa pela IA e, sobretudo, por quem controla esta tecnologia.

Por outro lado, a China vem se destacando no desenvolvimento de tecnologias digitais em geral, e de IA, em particular. O país, liderado pelo partido comunista desde a revolução chinesa, foi historicamente o principal destino de exportação de capitais

---

11 Ver https://beanalytic.com.br/blog/maiores-empresas-de-inteligencia-artificial/.

12 Faustino, D.; Barros, D.; Sousa, H.; Lippold, W. Digitalização do cuidado ou Colonialismo Digital? Questões para o Serviço Social. Temporalis, v.24, n.48, p.45–63, 2024. Disponível em: https://periodicos.ufes.br/temporalis/article/view/46150. Acesso em: 11 abr. 2025

13 Um estudo do Colégio Nacional dos Defensores Públicos Gerais (Condege) revelou que 83% dos presos injustamente por reconhecimento facial são negros, ver: https://www.condege.org.br/arquivos/1029

e transferência de tecnologias estadunidenses, que visavam sua força de trabalho barata e altamente qualificada, bem como sua infraestrutura e geolocalização privilegiada em um contexto de abertura econômica.

Empresas como Apple, Qualcomm e Nvidia, Microsoft, Amazon entre outras se utilizaram do neoliberalismo e das possibilidades contemporâneas quanto a livre circulação de capitais para conviver, participar da cadeia produtiva ou competir no território chines com gigantes como Baidu, Alibaba, Tencent e Xiaomi. Mas parece que a livre competição tem favorecido a China na corrida e, de fato, ameaçado a hegemonia estadunidense em áreas fundamentais. Fato, quando analisamos apenas a IA, o país já domina a produção científica em aprendizado de máquinas, com maior quantidade de artigos, patentes e citações[14]. Poderíamos dizer, pelo menos em termos metafóricos, que as tecnologias digitais chinesas estão hackeando o Vale do Silício? Em análises sociológicas, é preciso ser cuidadoso com as metáforas, mas é fato, que Washington pensa que sim, e por isso, utiliza todo o seu aparato de Estado para reagir violentamente ao *hacking* do seu monopólio. Isso talvez explique a adesão consensual das *big techs* ao magnata laranja de extrea direita, Donald Trump.

Antes disso, o governo estadunidense vinha aplicando agressivas barreiras de acesso ao *hardware* fundamental para o desenvolvimento da IA chine-

14 cf. artigo de Diogo Cortiz: https://www.uol.com.br/tilt/colunas/diogo-cortiz/2025/04/18/guerra-dos-chips-o-que-ainda-separa-os-eua-da-china-em-ia.htm

sa. Tanto a Nvidia, que projeta os chips mais sofisticados existentes (A100, H100 e H200) quanto a Taiwan Semiconductor Manufacturing Company (TSMC)[15] que os fabrica, assim como a holandesa Advanced Semiconductor Materials Lithography-ASM, que fornece o sistema de litografia para a sua impressão, estão proibidas de vender os *hardwares* mais sofisticados à China, em um ato escandalosamente anticoncorrencial.

Durante o Governo Biden, a Nvidia só podia vender-lhes componentes de segunda geração (o GPU H20 e o H800) mas desde 2023, até estes chips passaram a ser inacessíveis aos chineses. Atualmente, as imposições tarifárias estadunidenses só crescem e levam a China, necessariamente, ao massivo investimento no desenvolvimento de *hardwares* nacionais alternativos[16]. Ao que parece, o destino manifesto estadunidense se volta novamente ao leste, mas de um jeito diferente do que fora na "guerra fria" quando os EUA acabavam de emergir da Segunda Guerra Mundial como a maior potência imperialista do planeta.

Por outro lado, até o momento, não há nada que indique que as tecnologias chinesas são menos contraditórias em termos de vigilantismo, viés algorítmico, e concentração de poder. Nem mesmo o modelo predador de desenvolvimento tecnológico,

---

15 Ver https://braziljournal.com/por-dentro-da-nvidia-dos-games-aos-chips-do-chatgpt/

16 Cf. o lançamento do chip de arquitetura aberta XuanTie C930 pela Alibaba Holding que também possui uma poderosa IA, o Qwen. Ver: https://revistaforum.com.br/global/chinaemfoco/205/3/11/guerra-dos-chips-china-acelera-corrida-tecnologica-global-com-novo-processador-do-alibaba-175491.html

voltado à aceleração e intensificação dos tempos de trabalho e, sobretudo, de ameaça climática parece serem superados com o caminho chinês. Isso para não falar na acumulação primitiva de dados e nas formas de exploração do trabalho. Mas é fato que a planificação econômica, gerida pelo Partido Comunista Chinês, bem como a sua diplomacia, permitem tanto o reinvestimento de parte do trabalho excedente no bem estar populacional quanto o estabelecimento de relações comerciais menos violentas aos países menos desenvolvidos, como se pode observar nas parcerias sugeridas pela Nova Rota da Seda.

Do lado chinês, a necessidade de trabalhar com o chips de segunda linha levou o país a investir paralelamente em uma trinca de empresas de semicondutores, a Huawei, a SMIC e a Shanghai Micro Electronics Equipment - SMEE. Estes, embora potentes e promissores em uma precisão de litografia de 28 nanômetros, ainda não alcançam os 2 a 5 nanômetros da Nvidia e precisarão de alguns anos para alcançarem as empresas estadunidenses. Essa corrida também se observa em outras áreas como a de infraestrutura de fibra óptica e satélites.

Até o lançamento do DeepSeek, a corrida pela IA demandava, consumo cada vez maior e mais predatório de energia e recursos naturais. A IA chinesa não apenas se anunciou como *open-source*, mas também foi treinada com os chips de segunda linha (H800) da Nvidia, afirmando que foram gastos 5,58 milhões de dólares no treinamento. Com o lançamento dos modelos V3 e V3-R1, a IA chinesa se tornou o aplicativo mais baixado nos EUA, o que abalou a bolsa... só no dia 27 de janeiro de 2025, a Nvidia perdeu 589 bilhões de dólares, alcançando a marca de maior queda da história. A perda total das *big techs* foi de 1 trilhão de dólares.

Este acontecimento, levantou uma série de questionamentos sobre os gastos astronômicos com *hardware* de alta performance e demanda energética exorbitante. O DeepSeek provou que é possível reduzir custos e com a possibilidade de executar a IA localmente. Neste mesmo dia (27), os servidores da Hangzhou DeepSeek Artificial Intelligence - *startup* pertencente ao fundo de hedge chinês High-Flyer - foram atingidos por um ataque cibernético massivo de DDoS[17], que se tornou histórico, com 230 milhões de pedidos por segundo, durante 83 horas: um volume de dados maior que todo o tráfego da União Europeia em 3 dias.

O DeepSeek pode ser considerado um hackeamento da IA, ou, pelo menos, um passo importante nessa direção? A superação do modelo de *hardware* e *software* proprietários, que fortalece o colonialismo digital e a acumulação primitiva de dados, é uma das condições para suprimir nossos estranhamentos perante a tecnologia. Isso será possível, de fato, superando as contradições sociais que a engendram como tal, ou seja, o capitalismo. Enquanto isso - se é que chegaremos um dia a esse ponto antes que a fome insaciável do capital nos leve à colapsos sociais, bélicos ou climáticos decisivos - é

17 Denial of Service, ataque que manda erros em massa para derrubar ou comprometer servidores. Ver https://www.tecmundo.com.br/seguranca/402067-deepseek-volta-a-funcionar-parcialmente-apos-sofrer-ataque-ddos-massivo.htm

necessário buscar no próprio funcionamento tecnológico as suas brechas insurgentes.

Aqui consiste a importância do DeepSeek. Não tanto pelo que ele é, exatamente, mas pelas brechas insurgentes que anuncia. Mas isso implica, em primeiro lugar, olhar mais a fundo o que essa novidade representa. Sobre o DeepSeek ser código aberto, Prates[18], cientista da computação e artista generativo, é muito elucidativo ao afirmar " [...] os pesos, parâmetros da rede neural são abertos [*open weight*], o que significa que é possível rodar a rede neural artificial localmente e também fazer *fine tuning* e modificá-la." Acreditamos que este aspecto é de grande importância para a perspectiva hacker-fanoniana porque indica, na própria realidade concreta, as bases materiais para um uso relativamente autônomo da IA, independente dos grandes monopólios tecnológicos. Mas o cientista nos lembra que esse grande passo ainda não representa a superação dos modelos proprietários e - monopolistas, como explica Prates[19]: "1. A arqui-

18 Entrevista com Marcelo Prates, 15 de abril de 2025.

19 Segundo Prates: "O desenvolvimento do DeepSeek envolveu dois componentes principais: a coleta do dataset e o processo de treinamento. Embora códigos para fine-tuning estejam disponíveis, eles diferem bastante do código original utilizado pela DeepSeek no treinamento. O processo de treinamento começa com uma fase de "pre-training", onde a LLM é exposta a um extenso dataset de texto e aprende a prever a próxima palavra em uma sequência. [...] uma etapa crucial subsequente é o "alignment", um processo de pós-treinamento que molda o comportamento da LLM. Esta fase incorpora diversos elementos, incluindo ajustes geopolíticos e restrições de segurança, como a prevenção de discussões sobre temas sensíveis. Embora o código desta etapa não esteja disponível, é provável que a DeepSeek tenha implementado alinhamentos específicos para conformi-

tetura do modelo é aberta; 2. Os pesos do modelo são abertos; 3. O código de *pre-training* não é aberto.; 4. O *dataset* não é aberto; 5. O código de *alignment* não é aberto; 6. O código de *scraping* (coleta de dados) não é aberto."

O DeepSeek, mesmo com todas suas contradições, inerentes à forma capitalista tardia de *startup*, não rompe totalmente com o modelo proprietário de *software*, mas dá um passo importante em direção a outras possibilidades tecnológicas que precisam ser observadas com atenção, inclusive na relação *software-hardware*, desafiando o monopólio das *big techs* estadunidenses e descentralizando o uso da IA. Pensar na soberania digital, nas possibilidades de uma IA pública[20], desde o Sul Global, ou em um uso popular desta tecnologia, passa a ser não apenas uma abstração distante. Tudo precisa de um início, que é sempre contraditório e nasce como possibilidade, mas se é concreta ou abstrata, se vai se realizar, isto depende da geopolítica atual e a

---

dade com as diretrizes de IA da China. Finalmente, há o GRPO, a última etapa de treinamento, que é um algoritmo de aprendizado por reforço [...] Foi assim, treinando o modelo DeepSeek V3 via GRPO em problemas de planejamento e raciocínio, que foi criado o DeepSeek V3 R1, com a capacidade de "deepthink". O uso de reinforcement learning em LLMs não é uma técnica nova e já havia sido incluída nos modelos de raciocínio da OpenAI, por exemplo. A inovação do DeepSeek com o GRPO é um algoritmo de aprendizado por reforço mais eficiente e menos intensivo em uso de recursos que o predecessor, o PPO. Uma das principais vantagens do aprendizado por reforço em se tratando de LLMs é que ele permite que o modelo aprenda a resolver problemas de planejamento para os quais as soluções não são previamente conhecidas. Por isso a importância de um algoritmo eficiente."

20 Ver o artigo de Cecilia Rikap: https://ihu.unisinos.br/categorias/648529-deepseek-china-e-ia-um-desafio-geopolitico-artigo-de-cecilia-rikap.

guerra pelos GPUs mais potentes. Devemos vislumbrar uma IA descolonizada[21],na efetiva apreensão anticolonial que Fanon nos legou em seus estudos sobre tecnologia e colonialismo. Mas ser código aberto ou semiaberto não basta, a IA tem que ser LIBRE e a serviço das classes trabalhadoras, dos camponeses, sem terra e quilombolas, dos povos indígenas, enfim, dos movimentos sociais, onde a cooperação revolucionária e a experimentação, resgatam o elemento coletivista do hacktivismo.

---

21 Faustino, D.; Lippold, W.; SOUSA, Helen de. Inteligência Artificial e Precarização do Trabalho: Colonialismo Digital e Acumulação Primitiva de Dados. Iasulaitis, S.; Silveira; Sérgio da (Orgs.) Estudos Sociopolíticos da Inteligência Artificial. Campina Grande: EDUEPB, 2025. Disponível em < https://eduepb.uepb.edu.br/download/estudos-sociopoliticos-da-inteligencia-artificial/?wpdmdl=2846&masterkey=Ws_CFec3ZOzNB2L6Oa5J1CztcoSuvhlka1sNpsnH5H6dfLu7UJpwhom_UB-2lHD8BLPJkNsKUq-tvQT-7CEV6m4fpIHx-uqFd7pz6Gf9geH0 > Acesso em: 09 abril 2025.

AUTORAS(ES)

Carla Vieira

Carla Vieira é Engenheira de Dados e Mestre em Inteligência Artificial pela Universidade de São Paulo, com a pesquisa "*Uso de agrupamento para alcançar explicabilidade global de modelos de aprendizado de máquina*". Foi reconhecida como Google Developer Expert em Machine Learning e uma das 100 mulheres brilhantes na área de IA Ética. Atuou como professora no Insper no Master em Jornalismo de Dados e no curso de Racismo Algorítmico da Ação Educativa. www.carlavieira.dev

Deivison Faustino

Deivison Faustino é doutor em Sociologia e professor da USP. É autor de diversos livros e artigos sobre Frantz Fanon, capitalismo e racismo, onde se destaca *Frantz Fanon e as encruzilhadas: teoria, política e subjetividade*. É coautor de *Colonialismo Digital: por uma crítica hacker-fanoniana*.

Fernanda Rodrigues

Doutoranda em Direito pela Universidade Federal de Minas Gerais. Mestre em Direitos na Sociedade em Rede e graduada em Direito pela Universidade Federal de Santa Maria. Fellow dos programas Policy Shapers LACNIC 2024 e Líderes LACNIC 2023. fernandarodrigues.blog

Gustavo Souza

Acreano e graduado em Direito pela UFAC. Ele é alumni do CopyrightX, YouthXPolicyMakers e da Escola de Governança da Internet. Participou de diversas edições do Internet Governance Forum. Foi Coordenador de Políticas de Proteção de Direitos na Rede, na Presidência da República. Gustavo atualmente trabalha como Especialista em Estratégia de Inteligência Artificial. www.linkedin.com/in/gustavo-souza204

Juliane Cintra

Mestre em Direitos Humanos (USP), possui especialização em Cultura e Relações Étnico-Raciais (USP) e graduação em Jornalismo (UNESP). Coordenadora de Projetos Especiais da Ação Educativa, lidera projetos nas áreas de tecnologia e meio ambiente. Integra a Diretoria Executiva da Abong – Associação Brasileira de Organizações Não Governamentais. www.linkedin.com/in/julianecintra

Mariana Lopes

Mestranda em Direito, Tecnociências e Interdisciplinaridade pela Universidade Federal de Minas Gerais. Pesquisadora em matérias de governança da internet, como foco em discriminação algorítmica, regulação e questão racial. E-mail: marianaaalopesbr@gmail.com | LinkedIn: https://www.linkedin.com/in/mariana-lopes-a6497a16b/

Pedro Diogo Carvalho Monteiro

Doutorando em Direito pela Universidade de Brasília (UnB). Mestre em Direito Penal e Liberdades

Públicas pela Universidade Federal da Bahia. Coordenador de Vigilância no Laboratório de Políticas Públicas e Internet (LAPIN). www.linkedin.com/in/pdcm2023

Pietra Canle

Pietra Canle é cria de Nova Iguaçu - terra da laranja; é artista, educadora popular e mestranda em Educação, Contextos Contemporâneos e Demandas Populares pela Universidade Federal Rural do Rio de Janeiro. Atualmente, sua pesquisa está voltada para a arte de rua como ferramenta na criação identitária de crianças e jovens negros da Baixada Fluminense. www.instagram.com/pcanle

Rafael Ramires Baptista

Ramires é tecnologista e educador popular, atua nos coletivos InfoCria, Cineclube Imbariê Nos Trilhos e InfoLambe, entre dados, lambe-lambe e cinema. Atualmente faz parte como mestrando no Programa de Pós-graduação Interdisciplinar em Humanidades Digitais na Universidade Federal Rural do Rio de Janeiro. tecnorganico.wordpress.com

Tarcízio Silva

Pesquisador doutor em Ciências Humanas e Sociais (UFABC), Mestre em Comunicação (UFBA). Consultor em Direitos Digitais na ABONG/Nanet. Foi Tech Policy Fellow (2023-2025) e Tech + Society Fellow (2020-2022) na Mozilla Foundation. Autor de "Racismo Algorítmico: inteligência artificial e discriminação nas redes digitais" (Edições Sesc, 2022).

Thiane Neves Barros

Ekedi de Oxum no Ilê Axé Iyaba Omi, militante negra e feminista, integrante da Rede Transfeminista de Cuidados Digitais, mestra e doutora em Comunicação, atualmente *Tech & Society Fellow* na Fundação Mozilla (2024-2026). www.linkedin.com/in/thiane-neves-barros/

Walter Lippold

Walter Lippold é doutor em História e professor convidado do PPGH/UFRGS. É pesquisador FAPERJ do Instituto Nacional de Ciência e Tecnologia (INCT Proprietas). Autor de *Fanon e Revolução Argelina* e coautor de *Colonialismo Digital: por uma crítica hacker-fanoniana*.

SOBRE A CAPA

Juliana Vieira

Juliana é artista visual, diretora de arte, pesquisa sobre História da Arte e Design, com ênfase em linguagens, identidades, tecnologias afro-diaspóricas e agroecológicas. linktr.ee/ajulianamvieira

Capa: Imagens dos rostos, papel rasgado e background das mãos geradas no Adobe Firefly; Imagem labirinto por kjpargeter: https://br.freepik.com/vetores-gratis/fundo-abstrato-com-design-de-labirinto-circular_149427421.htm; Fonte: Salford Sans VF | https://fonts.adobe.com/fonts/salford-sans-variable